JN439156

꿈꾸는 몽당연필

꿈꾸는 몽당연필

김기영 수필집

계간문예

머리말

문학의 길을 걸으며

늦깎이로 시작한 글쓰기가 어느덧 10년이 되어 간다. 조잡한 글을 모아 놓고 보니 조금은 부끄럽다. 하지만 이젠 나를 숨길 것도, 꾸밀 것도 없기에 이대로 내놓기로 한다. 어릴 적 꿈을 생각하면 이룬 것이 너무 미약하다. 젊었을 때는 세상이 온통 나를 위해 존재하는 것처럼 여긴 때도 있었다. 참으로 어리석은 일이 아닌가. 내가 이 세상에 왔다 간 흔적으로는 그간의 노력만으로도 대견하고 흡족하게 여겨야 할 것 같다.

이 글 속의 어떤 것은 내 속내를 솔직히 털어놓기도 했고, 어떤 것은 우리 후손에게 작은 교훈이라도 되었으면 하는 소망도 들어있다. 글을 쓰는 일에 연륜이 거듭할수록 어렵다는 것을 느낀다. 문학의 문을 향해 다가갈수록 점점 멀어지는 느낌이다. 그래도 언젠가는 내 글이 활자화해서 가족이나 이웃에게라도 읽힌다면 하는 바람으로 글쓰기를 계속해 왔다.

곁에서 지켜보면서 늘 용기와 격려를 아끼지 않은 가족에게 고마움을 전한다. 어려웠던 시대에 신산辛酸의 세월을 함께 하다 먼저 간 아내에게 이 책을 바친다. 아직도 못다 한 이야기는 내가 이 세상에 머무는 동안 올곧은 삶을 영위하기 위해서라도 꾸준히 이어 나갈 것이다.

끝으로 무딘 펜으로 쓴 어설픈 글을 더 아름답고 예쁘게 다듬어 주신 지도 선생님과 곁에서 응원해 준 문우들께 고맙다는 말을 전한다. 설익은 글을 내치지 않고 출간을 허락하신 《계간문예》 관계자 여러분께도 뜨거운 감사를 드린다.

2024년 4월. 신촌 우거에서 지은이

■ 차례

제2부

제3부

제4부

제1부

아날로그 세대(기계 세대)

모임의 뒤풀이로 식당을 찾아가는 길이다. 얼마 안 가서 한 식당 앞에 길게 줄을 서 있는 사람들이 눈에 띈다. 소문난 맛집이 분명하다. 우리도 얼른 뒤따라 줄을 선다. 점심시간으로는 늦은 시각인데도 식당 안은 빈자리가 없다.

줄이 차츰 줄어들면서 커다란 자동 주문기 앞까지 왔다. 전에도 몇 차례 해 본 적은 있지만 형태가 조금 다르기에 앞사람이 어떻게 하는지 유심히 살펴본다. 별다를 게 없다. 내 차례가 되어 주문기 앞에 서자 젊은이만큼 능숙지 못한 노인이라고 생각한 때문일까 급히 다가온 종업원이 도움을 준다.

여느 식당과 분위기가 조금 다르다. 식탁은 죄다 1인용이 다닥다닥 붙어있다. 혼자 식사하는 사람이 늘면서 일인용 식탁이 많고, 구석진 자리를 선호하는 추세라 한다. 넓은 홀에는 식탁을 정리하는 여종업

원 한 사람뿐이다. 혼잡할 점심시간인데도 너무 조용하다. 저마다 뭐가 그리 바쁜지 머리를 숙인 채 서둘러 식사 중이다. 이게 요즘의 젊은 층이 바라는 작은 행복이라는 건가. 우리 일행은 별수 없이 뿔뿔이 흩어져 제각기 외톨이가 되었다.

혼자가 편하고 좋아서 누리는 취향을 이러쿵저러쿵 입에 올린다는 것은 괜한 시빗거리일밖에. 그래도 유일한 낮 휴식 시간을 정담도 나누지 못하고 따로 시간을 보낸다고 생각하니 이게 무슨 재미인가? 오직 혼자 마음껏 즐기고 몰입하고 싶은데 누가 곁에서 얼쩡거리면 귀찮다는 세대. 그러면서도 예쁘게 치장한 반려견과는 하루 같이 산책도 하고 잠자리까지 함께한다니 우리네야 별난 취미로 보일 수밖에. 아날로그 세대는 인간이 그리워 짧은 짬이라도 서로 어우러져 부대끼면서 돕고 살았다. 많은 가족 속에서 자란 구세대라 혼자 자란 신세대를 이해할 수 없는 탓일까. 젊은 세대가 측은하기만 하다. 나 홀로의 선호 심리도 전자 문명에 길든 탓인지 모른다.

거기에다 연애, 결혼, 출산을 포기한다는 삼포세대三抛世代가 늘어가고, 고령화 증가 추세가 겹쳐 혼자 사는 가구가 열 가구 중 두 가구꼴로 증가하는 추세라 한다. 이들을 겨냥해 소형상품이 인기란다. 그 후유증으로 혼자 사는 위급환자 처지와 고독사 문제는 남의 이야기가 아니라 우리 가족 이야기일 수도 있다.

기계는 편리하고 요긴하니까 최대한 이용할 수밖에 없다. 요즘 기본임금 문제와 근로 시간문제로 갈등이 심화해 가고 있는 시대상에 맞춰 점주는 인건비 절감이 시급한 과제이다. 오래전부터 금융가에서는 무인 점포가 성행 중이고 내비게이션 또한 길잡이의 필수품으로 자리한 지 오래다. 의료계에서는 로봇이 수술에 참여하고 원격 진료도 한다. 심지어 담배 자판기는 찾아온 손님에게

'흡연은 건강에 해롭습니다. 금연에 도전해 보세요.'

하며 당돌하게 손님에게 금연까지 권한다.

흔히 '우리 밥 한 번 먹자'라는 인사말은 사람과 사람이 만나서 이야기할 공간을 마련하려는 의미일 것이다. 인간이 먹는 행위는 단순히 먹이를 섭취하는 야생과는 다르다. 함께 어우러져 음식을 나누어 먹는 행복한 여유를 마련하는 일이야말로 사람만이 누리는 식문화가 아닌가.

격변하는 것은 시대가 아니라 세대라는 것이다. 이 세상을 떠받치고 있는 문명발달은 기계에 의존해서 편리를 누려왔다. 이제는 우리 인류의 일상에서 한 시도 기계와 떨어져서는 살 수 없는 세상이다. 분신처럼 없어서는 안 될 스마트폰의 작동 원리를 다 익히지는 못했지만 아주 편리하게 사용하고 있다. 기계작동 원리는 따로 전문가 영역이기에 굳이 알 필요성을 느끼지 않기 때문일 거다. 기계는 발전을 거듭하면서 말도 하고 듣기도 하며 글도 쓰며 읽기도 한다. 또 정보를 종합 분석할 줄 알고 어렵고 복잡한 문제까지 이해하고 풀어낸다. 이렇게 우리의 일상을 도우며 생각하는 장비로 대체하는 바람이 급속도로 늘고 있다. 어디까지 변혁할 것인지는 우리의 두뇌에 달려있다.

인공지능(AI)의 대명사가 된 알파고와 인간과의 바둑 대결 결과를 놓고 세계가 경악했다. 이대로 가다가는 고용 없는 성장으로 직업 소멸의 종말이 몰려올 거라는 성급한 시름에 빠진 적도 있었다. 아무리 그래도 기계는 인간의 적수가 될 수 없다. 적수가 되어서도 안 되고

설사 기능성 효율성에서 인간을 압도할지라도 기계에는 인간 본성인 피와 눈물의 감성이 없다. 그리고 숨을 쉴 수 없는 한낱 기계일 뿐이고. 업그레이드는 인간이 한다.

혹여 디지털기기가 확산할 시 사람이 기계화하여 품성을 잃지는 않을까 두렵다. 인간이 기계에 뒤질 때를 경계해야 한다. 기계는 한낱 부품일 뿐 어디까지나 인간 주도로 일해야 한다.

인간의 정서가 메마르고 기계의 편리에만 전적으로 의존하는 천지가 된다면 그때는 어떤 세상이 올까. 기계문명에 낙오된 노인들이

'아 옛날이여!'

라고 어둠 속에서 눈물짓고 있을지 모른다.

아무리 편리한 디지털 시대가 온다고 해도 나는 혼자 밥 먹고 혼자 생활하고 싶지는 않다. 인간은 누군가와 대화하고 서로 의지하여 살아가는 사회적 동물이 아닌가. 슬퍼할 때 누가 곁에서 눈물을 닦아 주고 위로해주는 사람이 더 좋다. 미워했던 사람을 용서하고 화해의 손을 내미는 인간성을 회복하는 일이 더 가치 있는 일이 아닐까.

디지털 시대에 살면서 아날로그 시대를 향한 향수는 과연 나 혼자만의 아픔일까.

낡은 면도기

지금의 세태 변화는 어제가 옛날이다. 우리는 시시각각으로 변화하는 사회에서 경쟁에 뒤질세라 온몸으로 뛰고 있다. 잠시만 돌아보면 값진 골동품이며 사연이 있는 기념품 등 쉽게 버리기 어려운 애장품도 있을 것이다. 내겐 세수할 때면 으레 챙기는, 우리 가족이 고무래라고 부르는 낡은 면도기가 있다. 오랜 세월 내 곁에서 편리하게 쓰고 있어 필수품이 되었다.

샤워장에서 옆 친구가 유난히 힐끔거리며 반짝이는 신형 면도기를 쓰고 있기에

"새로 산 거야?"

하고 한마디 건넸더니 기다렸다는 듯

"응 이번에 바꿨지."

하고는 묻지도 않았는데

“3중 날과 습식 건식에 방수 설계까지 되어있는 제품으로 유연하게 목의 곡선을 따라 움직여서 편안해. 좀 비싸기는 하지만 신제품이라 아주 편리하고 좋아.”
하며 은근히 브랜드까지 자랑을 늘어놓는다. 마치 내 것에 빗대어 은연중 면도기 품평회장이 됐다.

공교롭게도 오늘따라 면도하다가 ‘아차’하는 순간 베인 상처에서 피가 흘렀다. 이 광경을 본 옆 친구가

“병원에라도 가야 하는 것 아니야?”
라며 약간 비아냥 섞인 말투로 걱정까지 했다.

며칠 전에 있었던 일이다.

“그거 귀한 것 가졌수다. 황학동에나 가야 구경할 수 있는 물건이외다.”
하던 다분히 핀잔 섞인 말투에는 뭐라고 대꾸라도 하고 싶은 약간은 뒤틀린 심사였다. 한마디로 낡은 고물이라는 뜻이었다. 사실이다. 그러나 이 고무래도 애당초는 최신형이었는데 세월과 새로운 것에 밀려 고물이 된 것이다. 그래도 오래됐을 뿐 깔끔하게 절삭력도 좋아 사용하는 데는 아무런 불편도 지장도 없다. 그 친구 말대로 오래된 것이라면 귀한 것이고 소중한 귀중품일 수도 있고. 흔치 않은 진귀한 것이라면 대접받을 골동품일 수도 있다. 어쨌든 오래된 것일 뿐 고장도 없고 불편하지도 않은데 버릴 까닭이 있겠는가.

내 면도기는 친구의 신형에 비하면 값진 명품도 아니고 오래되고 낡아 볼품없고 초라한 물건이다. 그런데도 나는 쉽게 버리지 못하고 지금껏 함께해 온 까닭이 있다. 첫째는 다루기 편해서 아직도 잘 쓰고

있다. 오래 함께해 온 까닭에 손쉽게 다루기도 편하고 애착도 간다. 그리고 내가 첫 취업 때 옆집 사는 동창이며 이년 간 짝이었던 여자 친구로부터 기념 선물로 받은 것이라 나름의 사연이 있다.

남성에게만 구레나룻에서 턱까지 수염이 난다. 금방금방 자라는 귀찮은 수염도 관리하기 나름이다. 잘만 가꾸면 독특한 남자다운 터프가이 모습으로 탈바꿈하고 강렬한 인상을 남길 수도 있다. 단 털이 변색하고 적거나 굵게 자라지 않으면 도리어 지저분하고 초췌해 보여 괴상한 인상을 주기도 하고 나이 들어 보이기도 한다. 그러기에 수염은 가꾸기에 따라 얼굴의 단점도 보완할 수 있어 인상이 달라질 수도 있다. 그래서 사람마다 어울리는 스타일이 따로 있나 보다.

내가 가진 것이 어찌 이 면도기 하나뿐이겠는가. 가족들이 해외에 갔다 올 때면 신형이라며 선물로 번갈아 사다 준 것도 있다. 세 날짜리 비싼 자동제품도 사용했지만 부속품 등 이것저것 챙기기도 번거롭고 익숙지 않고 고장도 잦아서 이내 오랫동안 적응해온 이 고무래를 다시 찾곤 한다. 너절하게 딸린 부속품이 없고, 덩치가 크고 번잡한 신형에 비해 작고 간단해서 함부로 다루기가 쉽다. 또 고장 날 곳도 없다. 무엇보다도 목과 얼굴 구석구석을 내 마음대로 말끔하게 깎을 수 있어 개운해서 좋다. 이거야말로 내겐 딱이다.

반드시 새것이라야 하고 비싸고 좋은 것만 의미 있고 소중한 것만은 아닐 것이다. 소비도 미덕이라며 살만해진 지금의 세대는 새 모델을 즐겨 찾는다. 멀쩡한 것도 마구 버리는 풍조는 안 된다. 버리기에 앞서 잠시 생각해 보면 어떨까. 살아가는 동안 사연 하나쯤은 지니고 있고 손때 묻은 물건에 애착이 간다. 그런 물건일수록 긴 시간을 같이

했던 것이 아닌가. 추억도 깃들어 있을 테니까.

이렇게 낡아 빠진 고물만 고집하는 나는 별수 없는 아날로그 인생인지 모른다.

119 구급대

통학 열차로 1시간도 채 안 걸리는 서울 근교의 부대에 있을 때였다. 비상 대기령으로 여러 주 발을 묶인 채 지내다 모처럼의 주말 외출을 맞아 서둘러 서울행이었다. 먼저 사복을 갈아입기 위해 누나 집으로 가는 길이었다.

제복 차림으로는 행동에 제한을 받아 거북하며 품위 유지에도 신경이 쓰였다. 그 외에도 이런저런 심적 부담이 싫었다. 사복은 획일적인 계급사회의 집단에서 벗어났다는 홀가분함과 언제 어디서든 내 멋대로 할 수 있어 좋았다. 설사 규제나 단속에 걸려도 신분만 확인되면 쉽게 풀려 나왔다. 오히려 극진히 대해줄 때도 있었다.

그 시절에는 통행금지도 엄격했고 웬만한 길에는 가로등도 없었다. 달빛도 없는 어두운 밤길을 부지런히 걷는데 갑자기 훤한 골목이 나타났다. 그 길을 택해서 걷고 있는데 별안간 호각소리가 요란하게 들렸다. 나와는 무관한 일이라 그저 걷고 있는데 누가 뒤에서 덥석 내 팔을 낚아챘다. 분 냄새를 풍기는 웬 젊은 여자였다. 뿌리칠 만큼 싫지는 않았다. 나란히 팔짱을 끼고 걷는 그림은 누가 봐도 다정한 연인처럼 보였을 것이다.

"이대로 잠시만요."

하고는 속삭이는 척 뽕 따러 가자며 흥얼거리기까지 했다.

아직도 여기저기서 요란한 호각소리와 튀고 쫓는 그림자로 얽혀 골목은 난장판이었다. 한동안 나는 영문을 몰라 어리둥절했다. 그래도 우리 둘은 태연히 걷고 있는데 여인은 분명 떨고 있었다. 뒤에서 누군가 따라붙은 낌새였다. 약간 긴장도 되고 기분이 언짢아서 멈칫하자, 여인이 내 팔을 당기며 아무 말 말고 돌아보지도 말고 그냥 가잔다.

쫓고 쫓기는 활극이 잠잠해졌다. 골목은 반나체의 여인들이 끌려가지 않으려고 한사코 발버둥치는 쪽과 곤봉을 휘두르며 억지로 끌고 가려는 단속반원들과의 실랑이를 한참 지켜보고서야 유흥가 단속 소동임을 어렴풋이 알아차렸다. 이와 동시에 여인의 정체도 알 것 같았다.

"우리는 분명 애인 사이지요. 이대로 조금 더 걸어요"

그제야 안도한 듯 낭랑한 음성으로 아양을 떨었다. 이런 별난 데이트는 내 생전 처음이었다.

"조금만 더 가면 내가 잘 아는 술집이 있는데 거기서 우리 한잔해요. 내가 살게요."

"네?"

여자가 술을 산다니. 자칫하다 이 굿판에서 어떤 광대 노릇이라도 하는 것 아닌가 하다가 부질없는 걱정이라 생각했다. 도리어 이때부터 내 호기심이 발동했다.

따라 들어간 곳은 제법 넓고 어두컴컴한 술집이었다. 칠보단장 곱게 하고 분 냄새 풍기는 여인과 하필이면 달 밝은 이 밤에 마주했다. 혹 뽕이라도 따러 가려나. 동네 총각들이 줄줄이 따라오면 어찌하려고 걱정도 팔자인가. 그러면서도 어쩐지 낯선 여자와 술자리를 같이 한다는 것이 어딘지 꺼림칙했다.

"이러다가 경치는 것 아니야."

하고 혼자 중얼거리는 말을 얼른

"그럴 사내라도 있으면 좋으련만."

으로 응수했다. 어느새 시켰는지 앉자마자 술이 따라왔다. 거푸 몇 잔을 마시는 데 주량도 제법이었다. 술기가 오르는지 이때부터 묻기도 전에 자신의 장황한 신상명세서가 펼쳐졌다.

고향은 이북이고 1 · 4 후퇴 때 부모와 오빠, 네 가족이 내려오다 폭격으로 아버지는 그 자리에서 가셨고 함께 내려오던 중 또 폭격을 만나 엄마 오빠마저 뿔뿔이 헤어졌다고 했다. 두 분의 죽음을 확인하지 못했기에 어딘가에서 살아 있으리라 믿는다며. 이제껏 피난민 수용소는 안가 본 데가 없고 오빠가 살아 있다면 군대라도 가지 않았을까 싶어 서부에서 동부까지 뒤졌다며 허리춤에서 구겨진 사진 한 장을 꺼내 보였다. 이 얼굴 본 적 없느냐고 물었다. 그리고는

"내게도…."

하며 끝없이 이어지려는 이야기를 중도에

"약속 시각이 예상보다 많이 지체해서…."

하고 막 일어서려고 하자 남은 술잔이나 비우자고 했다.

좀처럼 꺼내지 않던 자신의 하소연을 모처럼 만에 꺼냈는데 풀어놓지도 못한 아쉬움인 것도 같았다. 한 여인의 애끓은 노래 '홍도야 울지마라' 애환을 끝까지 듣지 못하게 된 게 미안하기도 하고 아쉬웠다. 이게 전쟁이 가져다준 암울한 시대상이 아닐까. 내 손을 꼭 붙잡고

"오늘의 도움은 참으로 고마워요."

라고 고개를 숙이며 몇 번이고 절을 했다.

세상의 곱지 않은 눈초리를 의식하면서도 모진 질곡을 넘느라 자신의 육신까지 천대해야 하는 상처투성이의 그녀들. 자본주의 시장의 논리대로 각자의 등짐을 서로 나누어지고 삶의 가파른 언덕을 오르고 있다.

이 모두가 전쟁이 빚은 처참한 비극이며, 살기 위해 뛰어든 생활전선에서 위급에 처한 한 여인에게 작은 도움이라도 되었으면 싶다. 이는 순전히 내 제복이 119 역할을 했던 것 같다. 그런데 뽕 따러 가면서 칠보단장까지 해서야 동네 총각 안달을 어찌 감당하려고.

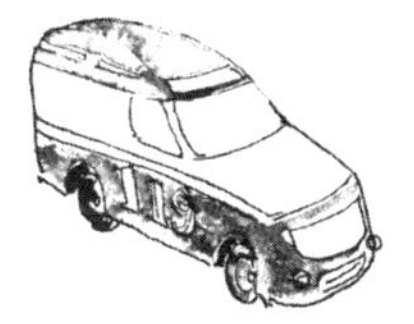

건망증

옆집 주부는 또 깜박한 모양이다. 창문을 활짝 열어젖히는 소리와 동시에 검은 연기와 탄 냄새가 여기까지 풍겨온다. 처음도 아니니 조심하라고 하고 싶으나 남의 일만은 아니다. 나도 다를 바 없다는 마음이다.

모임에 참석하라는 연락을 받고도 얼쩡거리다 빨리 오라는 독촉에 놀라 나서려는데 핸드폰이 없다. 먼저 책상 주변에 이어 호주머니에도 없다. 슬그머니 화가 난다. 이제는 사방팔방을 헤쳐 보지만 역시 없다. 그만 포기하고 나서려다 집 전화로 시도하자 그제야 어제 입고 외출했던 상의 안 호주머니에서 울린다. 요즘 들어 이렇게 '어디에다 두었지'하며 찾는 물건이 한둘이 아니다. 특히 늘 놓아두든 자리가 바뀔 때나 조급해 허둥댈 때는 으레 겪는 일이다.

달리는 지하철도 재촉하고 싶을 만큼 허겁지겁 당도했을 때는 정작

다 모였는데 주제하는 당사자만 보이지 않았다. 늦게 온 죄책감에 자진해서 전화했더니 그도 깜박한 듯 당황해하면서 '왜 이제야'하며 되레 역정이다.

"소집은 누가 했는데…."

나도 되치고는

"그렇게 깐깐했던 1등도 그놈의 춘추에는 별수 없구먼."

하자 일제히 깔깔대는 판에도 나만 떨떠름하다.

내 건망증 소동은 오래전에 직장에서 쓰고 있는 안경을 찾느라 한나절을 허비한 적부터 시작된 것 같다. 이제는 사소한 소지품 분실쯤은 늘 있는 일이려니 여기며 지낸다. 오늘도 학습관에서 주민등록증을 찾아가라는 연락을 받았다. 마음 졸이고 까다롭고 복잡한 분실물 신고를 하지 않는 것만도 얼마나 다행인가 여겼다.

부쩍 되풀이되는 건망증을 어떻게 해결할 방법이 없을까. 고심 끝에 묘안으로 메모판을 마련해 봤다. 거기에다 일정별로 준비 사항까지 자세히 기록해서 눈에 잘 띄는 곳에 걸어 두고 차례로 체크했다. 한동안 요긴하게 쓰는 듯싶었는데, 거기에도 허점은 있었다. 애초 기록단계에서 빠뜨렸거나 설사 기록은 했더라도 딴짓에 골똘하거나 외출 등으로 깜박했을 때가 문제이고 흠이었다.

두 달 전쯤의 일이다. 오랜만에 옛 친구를 만나 늘어진 대작으로 곤드레만드레가 되어서야 헤어졌다. 다음 날에야 가방이 없음을 알았다. 짐작 가는 곳으로 직행하여 쉽게 찾았다. 가방이 낡아서 허름했고, 내게는 필요한 내용물이지만 남에게는 허접쓰레기에 불과한 것이라는 심증이 적중한 것이다.

또 며칠 후에는 샤워장에다 세면 가방을 두고 온 것을 늦은 저녁에서야 아차 했지만 체념할 수밖에 없었다. 그중에서도 면도기는 나만의 낭만이 얽힌 사연 있는 것이고 내가 가져본 것 중에 제일 마음에 들어 애지중지하던 거라 아쉬웠다.

이어서 오랜만의 모임에서 한자리에서 마시는 술은 맛이 안 난다나 어쩐다나 하며 기분이랍시고 쏘다니면서 마셨던 게 화근이었다. 그렇다고 인사불성까지는 아니었는데 다음 날 챙겨보니 지갑이 없었다. 카운터에서 지갑을 꺼낸 기억까지는 나는데 그 후 행적은 또렷하지 않았다. 기억을 더듬어서 찾아다니며 알아봤지만, 가방 분실 때와는 달리 한결같이 '없었다 못 봤다'는 대답만 들었다.

나는 이런 건망증에 대한 방책을 찾느라 고심 중이다. 번득 인간한계를 뛰어넘는 알파고(Alpha go)가 떠올랐다.

'옳지 바로 그거야.'

모든 것이 연결되는 과학사회에서 첨단기술(high technology) 간의 결합을 활용한다면 이런 세상에서 건망 증세쯤은 결코 불가능은 아닐 것이다. 벌써 아이티와 결합한 의술 분야는 인체의 구조를 마치 손금이라도 보듯 샅샅이 짚어 치료하고 있다. 정확하고 정교한 시술 수준은 기형이나 난치성은 물론 못 고치는 병이 거의 없다. 병원 디자인에서 시스템 구축 등 다양한 분야까지 정교해졌다. 이제는 우리나라 의술을 부러워하며 해외 여러 나라에서 러브콜이 한창이라 한다.

의술의 진전은 단순한 생명의 연장을 넘어 인간이 생각하고 느끼는 사고의 지능까지 감지하고 측정하는 것도 시간문제라 했다. 그렇다면 머지않아 인간의 뇌가 생각하고 느끼는 기억들, 개개인의 정보를 담은 생체칩을 인체에 이식할 수만 있다면 때맞추어 일깨워 주는 자율형 지능 개발도 결코 허황한 꿈만은 아니라고 기대해 본다. 이런 날이 오면 진시황이 그토록 갈망했던 장수의 행운을 우리가 누리는 셈이다.

요즘의 신조어 영츠 하이머는 젊음(Young)과 치매(Alzheimer)의 합성어로 스트레스와 잦은 음주 등으로 젊은이가 겪는 심각한 건망증을 뜻한다고 한다. 현대인은 마치 신체의 일부분인양 주변의 전자 기기에 지나치게 의존하는 것 같다. 이런 증상도 인간 생태의 한 변화에서 온 것이리라. 생태란 활용하지 않으면 퇴보하고 뇌는 기억뿐 아니라 삭제하는 역할도 한다고.

돌이켜보면 지금 시대와는 동떨어지게 온몸으로 때우면서 힘겹게 살아온 내 인생. 마디마디가 아련한 그리움으로 포개져 가고 있다. 이렇게 살아오는 동안 소중한 것들을 얼마나 잊었고, 앞으로도 얼마만큼이나 잊어버리는 소동을 겪어야 할지 알 수 없다. 그래도 더러는 잊으면서 사는 게 기계와 다른 인간다움이 아닐까 자위해 본다.

탁구 동아리

월말의 대미大尾는 그간에 단련한 실력을 가늠하는 맞수끼리의 한 판이다. 각자의 학습 결과를 유감없이 펼쳐야 한다. 순간의 호기를 잡아 혼신의 힘을 실은 스매싱에도 끈덕지게 되받아넘기는 피아간의 짜릿한 공방전. 듀스가 반복되는 아슬아슬한 접전 끝에 따낸 쾌감과 석패로 오는 아쉬움. 작은 녹색 테이블 위를 넘나드는 찰나를 겨루는 민첩한 한 판은 탁구에서만 느끼는 묘미일 것이다.

내가 탁구에 입문한 곳은 바닷가였다. 앞에는 해당화가 요염한 자태로 향기를 뿜어내고, 뒷산 골짜기에 아직도 눈이 남아 있는 관동팔경의 동해였다. 설악의 울창한 산자락이 뻗어 내려와 바다와 맞닿은 숲속에 조화롭게 자리한 막사군幕舍群은 진영陣營이라기보다는 평화로운 휴양지를 연상케 하는 곳이었다. 앞은 넓고 푸른 바다, 고목이 차광하는 암반 위에 운치 있게 자리한 별채 식당이 있었다. 점심이 끝나면 식탁 두 대를 맞붙이고 편을 갈라 커피나 술내기 탁구 한판을 펼쳤다.

이후는 실로 여러 해 만에 왕년의 취미 모임인 '한마음회'에서 다시 탁구 라켓을 잡았다. 수준의 차는 있어도 개의치 않았다. 각기 특성대로 익힌 대로 저마다의 버릇과 습성으로 서슴없는 지략의 묘미로 맞섰다.

나는 당돌하게도 기량이 한 수 위인 회장에게 맞서기도 했다. 결과는 번번이 아쉬운 분패였다. 그래도 내 목표는 언젠가는 '기필코 타도'에 있었다. 회장은 전국대회에서 여러 차례 입상한 기량과 경륜의 소유자로 후배의 기를 살려주려고 일부러 배려해 주는 아량임을 잘 알고 있다. 언젠가 화제 끝에 슬쩍

"청백리 좋지. 그런데 오래전부터 고위공직자의 위장 전입은 공통 필수과목이라던데 연금 만으로야 버겁고말고."

하자 듣기 싫다는 듯 헛기침을 하고 자리를 뜬 적도 있다.

모임의 살림꾼인 간사 H형. 분명히 만만한 상대인데 막상 대결만 하면 팽팽한 접전 끝에 내가 도리어 분패한 적이 더 많다. 약이 오르는 것은 나의 취약부인 왼쪽을 겨누면서

"요기다!"

를 외치면서 집요하게 공격해 왔다. 식견과 위트를 겸비해 좌중을 사로잡는 끼는 천생 사표師表 여서 교장으로 퇴임했다. 재미있는 말은 평생을 학부모에 둘러싸여 꼼짝도 못 했다며 이젠 제발 선생이란 말만은 말아달란다. 하지만 군사부일체君師父一體인 걸 어찌하오리까.

연약한 여자라고 깔봤다가는 큰코다친다. 따온 메달 수가 실증하듯

C여회장은 다른 모임에서도 역시 회장을 하고 있다. 깔끔하면서도 포근한 자태는 왕년의 사령관 사모님답게 모두를 한결같이 챙기기에 일명 여왕벌(로열퀸)로 통한다. 경기에 임할 때만큼은 날렵하며 코너를 찌르는 스매싱도 강하고 승리욕도 남달라서 남자들과의 대결을 더 많이 하려 든다.

해괴한 변칙 서브에다 테이블에 바싹 붙어 일명 똑딱 볼로 상대에게 애를 먹이는 특기를 가진 K형. 한국전쟁 때 홀로 남하하여 백마고지에서 부상한 용맹한 상이용사이기도 하다. 가족이 다 이민하였는데도 홀로 남은 변은 향토사수라나? 사연도 많으련만 좀처럼 입을 열려고 하지 않는다. 군더더기도 없는 홀가분한 싱글이어서일까 유랑도 잦다. 언제든지 마음 내키면 널찍한 차에다 취사도구, 노래방 기기에다 캠코더를 갖추고 며칠씩 마음 가는 대로 팔도를 유랑하는 형, 팔자가 부럽기만 하다.

왕초보라 자처한 J여사는 휴식 시간에도 배우겠다고 아무에게나 조른다. 나이 탓인지 체구 때문인지 쉬는 시간이 더 많은 뚱뚱이 A형, 휴식은 도약의 움츠림이라나. 그래도 빠지지 않고 참석하는 게 신통하다.

제각기 지존을 꿈꾸며 한바탕 뛰고 목이 컬컬해질 때쯤이면 통과의례인 도르리제로 이어진다. 술도 이제는 젊은 시절의 벌술이 아니고 기분을 적셔줄 만큼으로 정담을 엮어내는 촉매제이다. 오늘은 분위기가 무겁다. 벌써 술병이 평시의 양을 넘어섰다. 이런 날은 이차 삼차로 이어지기 일쑤다.

모임을 주도하고 늘 앞장서던 S형이 마켓 활인 시간이 되었다면서

머리를 조아리며

"미안해. 미안해!"

를 되풀이하며 굽실거리는 꼴이 평시답지 않다. 유별했던 원앙 부부 삼 년여의 헌신적인 병간호에도 끝내 아내를 먼저 보냈고, 직장 있는 미혼녀 막내딸 때문에 자식들의 재혼 권유도 사양하고 앞치마 두르고 부엌살림을 맡아서 하는 늙은 아비의 꼴이 찡하게 와 닿는다.

다 함께 탁구로 여생을 건강하게, 그리고 즐기면서 추하게 늙지 말자는 게 모임의 지표요, 모두의 간절한 소망이기도 하다. 오늘의 회두리판 구호는 어떻게 외칠까.

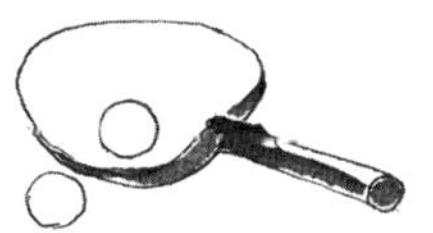

현대인의 마스크

'그럴 수가 있어.'

친구에게서 온 메일 내용이다. 궁금해서 전화했더니 대뜸

'뭘?'

받는 말투부터 아주 거칠다. 어리둥절한 낌새를 알아차렸는지

'전화까지 안 받는 까닭이나 알자.'

"야. 배터리가 다 된 줄 몰랐을 뿐이야."

'그럼, 거기서 못 본 체한 짓은?'

"언제…?"

하다가 퍼뜩 짐작이 갔다. 교차로에서 우산으로 비를 가리고 마스크를 했기에 가쁜 호흡을 하며 급히 가는데 누군가 내 어깨를 툭 치는 느낌이었다. 조금 불쾌했지만 그냥 지나친 기억이 떠올랐다. 바로 비대면 마스크가 빚은 에피소드이다.

요즘의 마스크는 방역을 위한 필수품으로 일명 셀프 백신이라고 한다. 이전에는 주로 의료진이 수술 때나 사용했던 소모품이었고, 겨울철 추위에 대비한 방한용이었으며 감기가 유행할 때 잠깐씩 썼다. 또 먼지를 일으키는 공장이나 공사장 근로자가 사용했던 일종의 방진 물품이었다. 그 외에 흉악범들이 자신의 본 모습을 가리기 위해 쓰기도 했다. 그래서인지 세계 여러 곳에서는 마스크 착용 거부 시위까지 벌일 정도로 싫어하는 물건이 되었다.

유례없는 병란으로 밀폐密閉, 밀집密集, 밀접密接에 순응하기 위해 모임이나 약속 일정 취소는 다반사이고, 오직 지루한 '방콕'은 마치 우리에 갇힌 것만 같아 무료하고 답답하다. 몸 상태가 조금만 달라도 '나도 혹시' 하는 마음이 들어 적응하기 힘들고 견디기 벅찬 새로운 시대를 살고 있다. 또 이 괴질의 번창으로 수요가 급증한 마스크를 안 쓰면 남의 눈총에 제재까지 받는다. 그래서 모두에게 절실한 물품이 되었으며 한때는 품귀 현상을 빚기도 했다. 온라인 정보 거래에 익숙한 젊은이는 인터넷 포털 사이트에서 미리 현황을 확인하고 기다리지 않고 효율적으로 구매할 수 있다. 그렇지만 디지털 활용이 서툴러서 비대면 거래에 익숙하지 않은 노인들 대디수는 이 마스크를 사기 위해 발품을 팔아야 했다.

이번 질병이 전 세계에서 창궐하면서 일찍이 듣지 못한 위기를 겪고 있다. 선진국에서도 발병 3개월 만에 세계 제1차대전 2년 동안의 사망자 수에 육박한다고 했다.

코로나19는 일상에 많은 변화를 가져왔다. 만남이 오랜만이든 반갑든 마스크를 써야 한다. 예전처럼 덥석 껴안거나 맞잡지 못하는 것은 물론 고작 팔꿈치. 또는 묵례 인사 정도로 예의 아닌 예의가 되어버렸다.

문득 첫 입맞춤에 감격하여 결혼했다는 이웃집 부부는 태생적이라고나 할까. 유난히 스킨십이 강한 그들 가족은 지금도 신체 접촉을 통해 애정 표현을 하는지 궁금하다. 어쩌면 '거리 두기'와는 상관없이 진한 애정 표현을 할 거라는 해괴한 상상을 하다 혼자 웃는다.

이젠 공공시설을 방문하면 먼저 이름을 적고 발열 검사를 받아야 한다. 외출에서 돌아오면 흐르는 물에 30초 이상 손 씻기가 습관화했다. 또 하나의 변화라면 온 천지가 불황의 늪에서 허우적거릴 때 배달업은 호황으로 사원들이 혹사당한다고 아우성이다. 게다가 포장재 폐기물이 넘치는 등 부작용이 따른다. 앞으로 사회가 어떻게 변할지 자못 궁금하기도 하다.

전 세계는 코로나19 바이러스의 가공할 전파력과 높은 치사율, 넘치는 환자, 턱없이 부족한 의료진에 의료 시설까지 태부족 사태로 허덕이고 있다. 이번 사태를 취재하는 방송 기자에게 이탈리아의 어느 간호사는

"모자라는 인공호흡기를 누구에게 먼저 달 것인가를 정할 수밖에 없어요. 특히 노년층에서 세 가지 이상 중추 기관 질환이 있으면 생존율은 거의 1할에 가까우므로 이들은 방치하게 돼요."

라고 말했다. 생명은 다 똑같이 존귀하다면 같은 환자를 두고 차별해서야 되겠는가. 응급실이라면 중증환자가 우선이다.

이번 바이러스는 우리나라에서도 한때는 하루에 수백 명씩 광범위하게 번져 세계 2위 감염국이라는 오명까지 쓴 적도 있었다. 그러나

다른 나라와는 달리 안정을 되찾아가고 있다. 이는 의료진의 헌신적인 진료와 빠른 동선 파악에 철저한 관리, 효과적인 행정지원에 힘입은 바 크다. 그리고 성숙한 시민의식으로 우리만의 방역체계인 K방역의 결과였다. 이를 전 세계가 은근히 부러워하고 진단 키트 등 방역용품까지 러브콜이다. 우리도 다시 이어지는 듯한 위기를 맞기도 했지만 끝내 K방역만이 전 세계적으로 주목받으리라 믿는다.

이번 질병을 대하면서 외출 시에 마스크가 필수품이 된 것처럼 서툴고 낯설기만 한 단어와 풍경들이 우리네 삶을 바꿔버렸다는 것을 알았다. 앞으로 어떻게 변할지 지금으로서는 가늠조차 할 수 없다. 그저 당국의 방역체계에 따를 수밖에. 이것도 한 시대를 살면서 겪어야 하는 숙명으로 받아들여야 할까. 요즘 떠도는 말 '뭉치면 죽고 흩어지면 산다'라는 말도 예사롭지 않다. 한때 이승만 대통령은 '뭉치면 살고 흩어지면 죽는다'라며 국민의 단결을 강조했다. 진리라고 믿었던 명언도 때로는 바뀔 때가 있는 법인가. 빠른 기간 내에 코로나19를 물리칠 백신이 나오길 지구촌의 모든 인류와 함께 기대한다.

병상 일기

온 천지가 잠들어 있는 주말 새벽, 산책하려고 막 일어서려다 꽈당탕탕 순간 힘이 빠지며 사방 벽에 부딪혀 넘어졌다. 갑자기 하반신을 마음대로 가눌 수 없어 아찔한데도 의식만은 멀쩡했다.

"왜 이래, 내가 왜 이러지."

혼자 부르짖으며 혼미한 정신을 가다듬고 다시 일어서려 애썼다. 번뜩 중풍은 골든타임이 가장 중요하다는 홍보가 떠올랐다. 마음이 다급했다. 비틀거리면서 온 힘을 다해 허둥지둥 옷부터 챙겨 입었다.

서둘러 현관을 나서자 밖은 아직 어두운 새벽이었다. 가을 장맛비까지 추적추적 내리고 있었다. 몸을 가눌 수 없어 뒤뚱뒤뚱 걷다가 주춤했다.

'119, 요란한 사이렌보다 가까이 있는 택시가 빠르고 편할 거야.'

바로 택시를 잡아 허겁지겁 차에 오르며

"가까운 응급실로요."

상황을 알아차린 택시 기사라면 전속력으로 달려야 하는데 거북이 걸음이었다. 한참 만에 도착한 병원 응급실은 6시가 돼야 진료를 시작한다며 그렇게 급하면 딴 병원으로 가라는 사무적인 대답이었다. 사력을 다해 여기까지 왔는데 따질 겨를도 없었다.

몸은 점점 어눌해지는데 정신이 긴장되고 초조해 졌다. 다시 택시를 잡아타고 얼마나 갔을까. 한참 만에 도착한 응급실. 환자 스스로 응급실을 찾은 일은 처음이라고 했다. 간단한 신원 체크 후 보호자를 먼저 찾았다. 간호사 말로는 이제부터 여러 가지 검사를 해야 하는 데 보호자 동의가 필요하기 때문이라 했다.

그제야 휴대폰을 꺼냈다. 번호를 누를 때 자꾸 다른 숫자를 눌러 한참 지나서 겨우 아들과 통화할 수 있었다. 마치 술에 취한 것처럼 말까지 어눌해졌다. 어깻죽지 상처 부위에서 피가 흘러 옷이 젖었고 머리 부위의 상처 순으로 응급처치를 했다.

얼마 후 가족이 도착하자 마음이 놓여서일까. 이제 왼쪽이 심하게 저리며 머리가 어지럽고 감각이 없었다. 꼼짝 못 하는 반신불수라니 비로소 내가 중환자임을 실감했다.

이런저런 처치에다 검사를 마치고 나서 3일간 지켜보자며 '뇌졸중 집중 치료병실'로 배정했다. 커튼 칸막이에 침대가 하나씩 있는 다인실이었다. 건너편에는 호흡기를 달고 있는 위급한 환자가 있고 한가로이 핸드폰을 만지작거리는 이도 있으며 코를 고는 환자도 있었다. 내게는 어느새 생리식염수가 폴대에 매달려 있었다. 분위기는 조용하다 못해 싸늘했다.

이때부터 의료진이 밤도 반납하고 24시간 밀착 병간호를 시작했다. 환자는 꼼짝도 말고 간호사에게 신호만 보내라고 했다. 움찔하는 기색만 있어도 어느새 의료진이 동시에 와르르 달려왔다. 소변도 누운 채 그 자리에서 하라고 했다. 곁에서 간호사가 지켜보고 있으니 오줌도 부끄러워 잘 나오지 않았다. 이런 특별 대접은 난생 처음이었다. 이 같은 지나친 과잉보호는 도리어 불편하고 거북했다.

이틀째 되는 날, 이제부터는 화장실 출입만은 자신 있으니 혼자 다니겠다고 떼를 썼다. 그래도 간호사가 내 뒤 바지춤을 꼭 움켜쥐고 따라다녔다. 3일째는 그간 어떻게 변했는지 궁금해 걸어보겠다고 복도로 나섰다. 이번에는 지켜만 보라고 했다. 의외로 다리 힘이 조금 부칠 뿐 걸을 수 있겠다는 자신이 붙었다. 그래도 간호사가 여전히 따라다니니 든든하기는 했다.

입원 기간 내내 코로나19 위험에 대비하여 면회라고는 그림자도 얼씬 못했다. 그래도 가족의 끊임없는 보살핌과 성원으로 몸과 마음은 편하고 즐거웠다. 나도 별수 없이 가족에게 짐이 되는구나 싶어 착잡한 감정이 들었다.

이때부터 본격적인 검사가 시작됐다. 가장 비싸다는 MRI. C/T. 엑스레이를 비롯하여 생소한 혈류 검사 등 하루에도 몇 차례씩 촬영과 검사가 이어졌고 지루할 정도였다. 어쩌자고 이런 검사까지 받아야 하느냐며 불만이라도 하면 모든 병은 조기 검진이 중요하다고 했다. 기왕 온 김에 샅샅이 다 알아봐야 한다고 비용은 알아서 한다면서 가족까지 부추겨서 거부할 수가 없었다.

5일간의 결과는 우려했던 것보다는 좋았다. 담당 의사는 뇌혈관 부위에 약간 이상한 곳이 있지만 치료하면서 지켜보자고 했다. 병명은 뇌경색, 원인은 부정맥, 통원 치료 판정이 났다. 평소에도 취미로 몇 개의 동호회에도 참가했고 근래 와서는 몸 관리를 의식해 걷기 목표를 설정하고 지속적으로 운동해 왔다. 은근히 건강을 자부해 왔었는데 지나친 자만이었나.

시작이 있으면 끝이 있다던가. 다시는 오고 싶지 않은 곳. 그래도 나라는 인간은 병 앞에 겸손할 수밖에 없도록 길들었나 보다. 여기 와 있는 환자 모두의 공통점은 아직도 세상은 살맛이 남아 있다는 신념에 차 있다. 그래서 열심히 치료받는 곳이 아닐까.

사람은 모두 태어나 늙고 병들어 죽는 게 순리이다. 나는 어쩌자고 모진 병마와 악전고투하고 있을까. 그래도 아직은 살고 싶다는 욕망이 있다. 오늘의 이 아픔, 괴로움, 슬픔을 아름다운 추억으로 기억하며 웃을 수 있는 날이 오기를 희망한다. 아름다운 이 세상, 이제부터는 좋은 것만 보면서 즐겁게 살아야겠다.

나날이 오늘 같았으면

올겨울은 유난히 추워 꼼짝 못 하고 있다. 오늘도 매서운 찬바람에 몸이 저절로 움츠러든다. 빛바랜 사진첩에서 어느 눈 축제장 코믹한 신랑 각시 눈사람과 함께 찍은 사진을 보고 있는데 별안간 아내가 따끈한 수제비를 찾기에 가는 길이다.

내가 다가가 아내의 손을 내 주머니에 넣었다. 그러자 아내가

"당신은 아직도 청춘인가 봐요. 손이 이렇게 따스하니."

"그런가. 철이 덜 들어서 그럴 거야."

하고 웃어넘겼다.

몇 년째 앓고 있어 야윈 아내의 손이 차가울 것 같아 무심코 한 짓이 뜻밖에 마음조차 흐뭇한 모양이다. 내 마음도 어느새 온기가 돈다. 나는 낯을 가리는 편이라 쉬 접근을 꺼리기에 인상이 차갑다는 오해도 더러 받는 편이다.

둘이 나들이라도 할 때면 뒤뚱거리는 아내의 걸음걸이가 불안해서 내가 할 수 있는 거라고는 손을 잡아 주는 것뿐이다. 이런 광경을 본 이들 중에는

"참 다정해요. 부럽습니다."

하기도 하고

"그림 좋습니다."

라는 알쏭달쏭한 말을 듣곤 한다.

어느 여행지에서는 '아무래도 이상한 사이 같다'라고 수군거리며 야릇한 눈초리를 받기도 했고, 어디서는 우리의 이런 행동을 보고 부부간의 트러블이 있었다고도 들었다. 아내를 부축해 주는데 왜 그렇게만 비쳤을까.

손등을 살며시 쓰다듬어 본다. 이 여인의 작은 손이 어언 50여 년 우리 가족의 오늘을 일구어 왔다. 쉴 줄 모르고 바빴던 손이었으니 항상 차가울 수밖에.

과수원집 둘째 딸로 공직에 있던 규수가 유난히 깔끔한 시어머니와 세 시누이, 그리고 있는 것보다 없는 게 더 많던 집으로 시집을 왔다. 융통성 없고 고집불통인 박봉의 남편에다 세 자식까지 기르느라 늘 종종걸음의 버거운 생활이었다. 언젠가

"나는 평범한 여자로는 살지 않기로 했는데…."

하던 푸념을 들은 적이 있다.

다행스럽게도 취향만은 같아서일까. 짬짬이 같이 즐기는 게 휴식이요 위로였다. 주말 외출, 여행은 인색하지 않았던 것 같다. 그것도 내가 좋아서 동행에 끌어들였을 뿐이다. 여행을 좋아해 아마추어로는

과분한 제법 괜찮은 카메라도 갖추고 철 따라 각지를 여행했고 마음에 드는 영화가 있으면 함께 관람도 하고 멀리 해외도 두루 다녔다. 이렇게 50여 년을 같이하는 동안 마치 꼭 맞는 신발처럼 편했다.

생로병사는 자연의 섭리로 누구든 선택 사항이 아니라 하던가. 아내 또한 노인성 치매를 앓고 있다. 그것도 아주 심하게. 이제는 맹렬 주부가 아니라 보살핌이 필요한 아이 시절로 돌아갔다. 그 뒤치다꺼리는 가족 모두에게 적잖은 짐이 되었다. 자식도 품 안의 자식이고 제 살기에도 바쁘다. 짬짬이 와 거들기는 하지만 감당하기 너무 벅차다며 서슴없이 요양 시설을 운운한다. 아마도 그 길밖에 없을지도 모른다.

아내는 평생 집만을 맴돌며 내 가족하고만 지내왔기에 집밖에 모른다. 앞으로도 변함없기를 바라는 마음이다. 가끔 자신이 실토한 대로 오락가락한다면서도 어쩌다 가족들이 검사라도 받자고 하면 정색을 한다. 이는 혹여 하는 두려움 즉 치매 판정은 곧 요양 시설 행이라는 선입견에서일 것이다.

나 편하자고 평생을 동고동락했던 아내를 그런 곳으로 보낸다는 것은 견디기 어려울 것만 같다. 그래서 '아직은 그런 수발 정도는 할 수 있다'라고 주변의 충고를 단호히 거절하고 있다. 그렇지만 사실상 힘이 부쳐 짜증 나고 때로는 참았던 화가 치밀 때도 한다. 이렇게 엄청 힘든 짓을 왜 자청했느냐고 후회도 있다. 더 솔직히 말하면 어쩔 수 없어서 할 뿐 좋아서 하는 일은 결코 아니다. 잠시 의식이 돌아올 때면 미안하고 고맙다며 훌쩍일 때는 측은하고 안쓰러워. '그래 조금만 참자. 참아야지' 하고 자신을 스스로 달랜다. 만약 내가 곁에 없을 때는 천덕꾸러기가 될 것은 자명한 일, 끝까지 함께하다가 먼저 보낸 뒤 바로 따라가야겠다는 것이 요즘 내 소망이다.

아내는 요즘 들어 부쩍 애들 이름을 부르며 자주 찾는다, 부모에게 자식은 항상 못 잊는 대상인가 보다. 그 엄마의 평생은 곧 자식들의 일생이었다. 언젠가 큰애가 왔다가 가려는데 비가 세차게 내리자

"하느님이 아들 얼굴 한 번 더 보라고 그러나 보다."

고 하자 아들이 제 엄마에게 달려들어 모자가 꼭 껴안는 광경은 감격이었다. 아이들 또한 엄마의 욕심만큼은 아니더라도 자기들의 그릇만큼 자라서 엄마에게 감사하며 효도하고 산다.

아내는 사진첩에서 지난날들을 복기하는 게 낙이다. 스위스 융프라우의 눈 동굴은 정말 따스했지. 수상 도시 베네치아, 또 몽마르트르 언덕의 기념품, 가마 타고 넘던 장가계 반딧불 동굴, 선상 디너쇼에서 당돌했던 흥 등을 되새긴다. 대소변을 못 가리는 병세를 잊은 듯 여로의 향수에 흠뻑 젖어 난데없이 기차여행 예약을 하란다. 그도 한적한 지선支線 완행이었으면 한다고 했다. '닥터 지바고'의 한 장면을 연상케 하는 설원의 질주라도 하려나. 꿈은 아직도 화려하다.

내 곁에 당신
이 다섯 글자면 충분해
아니 띄어쓰기도 없애 버리고 싶어
내 곁에 당신

이렇게 적어 가다가 아내의 손을 꼭 잡아 본다.

"손이 왜 이리 차갑지?"

"겨울이잖아."

내 질문이 이상한 듯 빤히 쳐다본다. 앞으로도 늘 오늘 같았으면 하고 마음속으로 빌어 본다.

천국으로 탁송

그는 나와 취향이 비슷해 늘 단짝이었다. 다방면으로 못 하는 게 없고 식견이 풍부하여 나에게 깨달음을 주는 좋은 친구였다. 자기의 죽음 관리만은 어쩔 수 없는 듯 나보다 몇 살이나 아래인데도 입 퇴원을 반복하더니 끝내 눈을 감았다. 그의 부음에 당황했고 한동안은 애석하고 허전하기만 했다. 그러는 동안 유가족으로부터 망인의 간곡한 부탁이니 49일제에 꼭 참석해 달라는 청을 받았다.

스님의 구슬픈 독경이 끝나자 평소 망인이 아끼던 운동용품을 위시하여 귀한 난蘭과 제법 쓸만한 골동품까지 펼쳐 놓고 소용 있으면 누구든 챙겨가란다. 역시 자신의 사후관리까지 진지하게 마련한 마무리가 남다르게 지혜롭구나 하고 또 한 번 느꼈다.

우연히도 팔십이 넘도록 도심에서 떨어진 변두리 맨션에서 연금으로 깔끔하게 살다 가신 가부지친葭莩之親의 사후死后 처리 과정을 지켜봤다. 내가 들렀을 때는 값진 귀중품은 벌써 누군가 챙긴 뒤였다. 어느 전문 업체에서 왔다는 장정들만 땀을 뻘뻘 흘리며 정리 작업을 하고 있었다. 그분 생전에 워낙 단정하고 깔끔하게 잘 관리한 터라 버리기에는 아까운 제법 괜찮은 것들도 눈에 띄었다. 대를 이어온 듯 고풍스러운 장 하며 망인 생전에 수집한 듯 희귀한 귀물들, 한때는 감격스러웠을 트로피와 기념패도 있었다. 방 한쪽을 차지하고 있는 서가에는 고전에다 전문 서적과 두툼한 양서로 채워져 있었다.

'저것을 언제 다 읽었을까.'

그 속에는 아직 다 읽지 못한 듯 중간에 색종이 간지를 끼워 놓은 것도 눈에 띄었다. 어디에다 쓰는 건지 사절지 규격의 두툼한 스크랩도 보이고, 낙관이 찍힌 액자도 몇 점 걸려 있었다. 이외에도 삼대가 함께한 단란했던 가족사진도 여지없이 폐기 처리된다고 했다. 가신 이의 손자국으로 얼룩진 것들도 이젠 쓸 만큼 썼으니 버린다는 유족의 변이다. 이 모든 것이 주인 생전에는 필요하고 소중한 것들이다. 주인을 잃자 일시에 쓸모없는 쓰레기가 돼 수거비만 추가된 셈이다.

정리 작업도 거의 마무리돼 갈 무렵이었다. 처리 업자 측에서

"예상했던 것과 달리 활용할만한 것보다는 폐기 처리해야 할 물량이 너무 많아 예정했던 시간 보다 훨씬 초과하여 늦도록 쉬지 않고 일했어요."

라며 추가 비용 요구로 옥신각신이다. 뜻밖에 사후 처리비용도 상당함을 새롭게 알았다.

망인 생전에는 오래오래 곁에 두고 싶었을 귀중품들이다. 소중한 것을 그 사람에게 보낼 수는 정녕 없을까. 아깝고 아쉽다.

"옳지!"

궁하면 통한다고 했던가. 그런 과정이 있었어. 그렇게 하면 돼. 이젠 탁송체계도 비대면 소비패턴 일상화로 수요가 폭증하면서 '가장 빠르고 정확하게 그리고 신속하게 언제 어디든 탁송한다'라고 호언장담하면서 치열하게 경쟁 중이다. 특히 빨리 빨리가 기본 근성인 우리 기업들이 있지 않은가. 그래도 설마 천국까지야, 여기서 잠시 주춤한다.

이제껏 신비의 상상 세계로만 여겼던 전설의 달나라까지 다투어서 이사할 채비가 진행 중일 줄이야. 다음 개척지는 오직 천국밖에 없다. 지금껏 가상공간의 현장을 벗기려면 탐사, 개척, 개발, 연구 등 진행 과정이 소요될 것이다. 단지 기다림만 남아 있을 뿐이다.

천국은 과연 어떤 곳일까. 선녀가 산다는 궁전은, 사람도 마음대로 소환하는 그 신은 어떤 모습일까. 우리의 일상과는 어떤 게 다를까. 숨을 쉬기나 할까. 이것저것 두루두루 이어지는 궁금증은 끝이 없다.

이런 기상천외한 발상이 왜 이제야 떠오르는 걸까. 혹 괴이한 역발상이라 손가락질 대상은 아닐지? 그렇다고 돈키호테 같은 발상은 분명 아닌 것 같고. 그렇다면 온갖 지구의 오염과 재변災變 속에서 장기간 혹사만 당한 내 뇌의 기능이 궤도를 이탈한 질환의 망상이 아닐까.

하긴 우수한 두뇌집단이 여러 해 전력을 다해 제작한 로켓도 더러는 궤도 이탈하는 실수도 한다. 하물며 내 탁월한 상상이 통하지 않는다면 이 세상 발전도 더는 없지. 그래서 혹시를 넘어 기다리는 여음餘音이 내 가슴에서 여전히 감돌고 있다.

쌈지와 주머니

전화벨이 요란하게 울려댄다. 한 번쯤은 확인 전화가 올 줄로 예감했다. 임플란트 시술에다, 차례茶禮 순번이 틀어지면서 갑자기 내 차례가 앞당겨졌다. 경비가 만만치 않을 것 같다. 고심 끝에 최후의 보루인 아내에게 도움을 청하기로 했다. 우려했던 대로 단판도 결렬되고 말았다. 모처럼 어렵게, 그것도 이자까지 거론하며 통사정을 했는데도

"내게 그런 돈이 어디 있어."

단칼에 거절당했다. 아내의 주머니 사정을 알기에 더 모멸감을 느꼈다. 원인의 귀결은 '쇠뿔도 각각이고 염불도 몫몫이라'는 속담을 실감했다.

이럴 때를 대비해서 비상금이라는 게 있나 보다. 새삼 뒤늦은 후회를 하고 있다. 그래서 기업의 오너나 지체 높은 분 중에는 비자금 마

련에 분별없이 몰두하다 큰 고초를 겪는 이도 간혹 있다. 어떤 이는 비자금 관리를 잘 못 했다가 사실 여부는 차치하고 평생을 26만 원으로 지내다 돌아가신 분도 있다. 작게는 비상금, 크게는 비자금 마련은 나름으로 고초가 따르나 보다.

어느 모임에서였다. 파장이 다 될 무렵에 씩씩거리며 당도한 한 친구가 있었다. 영문이 궁금해 곁으로 살며시 다가가

"왜 늦었어. 뭐가 잘 못 되었어?"

하자 아직도 분이 안 삭았는지

"이런 개 같은 경우가 다 있어."

그리고는 술을 찾았다. 어렵게 모아 온 비상금이 아내에게 발각되어 몽땅 압수당했다는 거였다. 이어서 묻기도 전에 돈을 마련하기 위해 겪은 그간의 고초를 차근차근 털어놓았다.

누구든 예기치 않게 당장 돈이라야 해결되는 다급한 처지에는 소위 비상금이 절감할 때도 있다. 이 비상금을 끊임없이 채워 가려는 노력도 쉽지 않지만. 장소는 내 주변, 그리고 꺼내기 쉬운 곳으로 제한하니 철 지난 옷 주머니, 책장, 여행 가방 안, 액자 뒤, 베개 벤 틈새 등이다. 내 경우는 불안하기에 수시로 장소를 옮겨야 했다고 하자. 어느새 곁에 와 듣고 있던 딴 친구가 만약 발각되었을 때를 대비해

'당신이 필요할 때는 써도 돼.'

라고 적어 두었다는 체험담이 첨가된다. 이래도 저래도 끝내는 쌈짓돈이 주머닛돈인 것을. 그래도 내 주머니가 비어있을 때는 누구든 불안하고 허전하게 마련이다.

지금 세대의 방법은 차원이 다르다. 쌈지 찬 남자 든, 주머니 찬 여

자든 똑같이 벌고 있으니 떳떳하고 당당하게 각자의 통장이 있다. 자기 계발을 위한 활동비와 노후의 자신을 위한 대비책이라는 명분으로 자유롭다. 증권. 가상 화폐, 부동산 등 실현을 위한 재테크 투자도 소신껏 한다. 그 외에도 투자할 곳은 숱하게 많다. 재산도 공동으로 등기돼 세금까지 따로 납부하고 있어 각자 제 몫도 정확히 챙기고 있다. 부부 문패가 나란히 걸린 것쯤이야 오래전 일로 퇴색했고, 부부 일심동체라는 주례사의 해석도 달리하고 있다. 한 몸이기에 재산도 공유해야 한다는 논리인 것 같다. 이러다가는 외식까지도 더치페이해야 하는 게 아닐까 싶기도 하다. 얼마 전까지도 이러리라고는 감히 상상도 못 하고 살았다.

애초부터 쌈지와 주머니의 쓰임새는 달랐다. 먼저 남자들이 사용했던 쌈지를 보면 담뱃불을 일으키는 부싯돌이나 푼돈을 담기 위해 헝겊이나 종이 또는 가죽으로 만든 접는 주머니였다. 원래 한복 치마저고리에는 소지품을 챙겨 넣을 공간이 없었다. 예쁜 장식품 주머니를 따로 만들어 거기에 자잘한 휴대품을 넣고 허리춤이나 속옷에 차고 다녔다. 시대가 바뀌어 요즘은 부부가 따로 비밀스러운 돈주머니를 챙긴다. 남자의 쌈지와 여자들의 주머니로 구분하여 호칭한다.

할머니 치마 속주머니는 우리 가족의 보물창고요 비상 금고였다. 귀엽기만 한 손주들의 용돈에서부터 가난한 고모가 오면 슬쩍 건네는 여비도 여기서 나오고. 갑자기 찾아온 사랑방 손님 술값도 할머니 주머니에서 나왔다.

지금의 아내 주머니는 조금 다르다. 장수 시대가 오면서 할머니란 지위로 뒷방이나 지키고 자식들 눈치나 보며 지내지 않는다. 적성과 취미를 찾아 제2의 인생 노년기 시대의 변화에 맞추어 한껏 당차게 누리고 산다. 준비의 차이일까. 쌈지에 들어있는 돈은 푼돈인 데 비해 주머닛돈은 좀처럼 노출이 없고 제법 크고 많다. 그 돈 어떻게 어디에 다 다 쓸까. 주제넘게 걱정도 팔자일까.

어느 날 공교롭게도 둘째와 전화한 후 파출소라며 전화가 왔다.

'당신네 둘째가 친구들과 무전취식 소동으로 파출소에 와 있다. 지금 곧 본서로 넘기려는데 그 전에 주점으로 속히 송금하는 게 어떤가.' 라고 했다. 아내는 서슴없이

"네 그렇게 해야지요. 하겠습니다."

수화기를 놓고 밖으로 뛰쳐나간다. 나도 한참을 정신없이 뒤따라가다 문득 의구심이 들어

"지금 어디 가는 거지?"

"어딘 어디야. 송금하러 은행에 가지."

"아니야, 파출소에 먼저 들러야 할 것 같애."

내가 주춤하자.

"급한데 먼저 송금을 해야지."

서로 옥신각신하는 사이 파출소까지 갔다. 그렇게 하여 보이스 피싱 위기를 넘긴 때도 있었다. 어떤 때는 시가 쪽보다 친정에 무게가 더한 것 같기도 하다. 내 눈이 지나친 짝눈일까.

쌈짓돈과 주머닛돈의 의미는 그 돈이 내 돈, 곧 우리의 돈이라는 사실이다. 결국에는 다 가족을 위해 쓰이니까.

소박한 동창회

동창회, 그것도 고희를 맞은 초등학교 모임이다. 전 회장인 Y형이 동창생만 초대한 것 같다. 그와는 두 살 차이로 나를 동생 같은 친구라 하지만, 나는 동창생일 뿐이라고 피차간 서로 우기고 있다. 그야말로 '아'하고 '어'하고는 다르니까.

쌍지팡이에 의지하고 온 친구 귀에다 대고 큰소리로

"안 들려?"

하자 그제야

"야! 이 나이에 잘 들리는 것도 비정상이지."

되레 호통이다. 또 젊어서 부부 동반 모임일 때는 벌금을 물면서도 한사코 싱글 행세를 했던 친구가 오늘은 부인의 부축을 받으며 나왔다. 속절없는 세월의 퇴적으로 그의 자만도 별수 없이 늙었나 보다. 거동이 불편한 B군도 배에 주머니를 달고 나왔다. 뜻밖에 여자 동창도 2명이나 참석했다.

향기 그윽한 푸른 정원에는 푸짐한 뷔페식 상차림이 준비돼 있었고, 한편에는 골프채, 등산 용구, 낚싯대, 오리발을 비롯한 스킨 스쿠버 장비 같은 다양한 스포츠용품이 전시돼 있었다. 즐비한 후손들의 헌수에 이어 초청 인사부터가 별났다. 이 자리는 애들이 마련했다고 거듭 말한 후 저기 널려있는 물건들은 평소 애지중지해 온 것들인데 나를 대하듯 유용하게 쓸 사람만 챙겨가란다. 그리고는 아내를 보낸 지 오늘로 딱 일 년째인데 이제는 양로원으로 간다며 하직 인사 즉, 미리 준비한 장례마당이라는 말에 모두 숙연했다.

이윽고 술이 한 순배 돌고 나니 얼굴이 불그레해졌다. 입담 좋은 친구가 손풍금을 들고나와 흥을 돋우었다. 드디어 곱상한 여자 동창 Y 차례. 손풍금에 맞춰 부르는 금수현의 〈그네〉는 여전했다. 언젠가 동창회에서 재창을 청하자 바지 씨의 기호를 손가락으로 표시하며 '찍어준다면?'하던 선거 운동이 떠올랐다.

또 다른 여자 친구 R. 나와는 한 동네서 집안끼리도 친척처럼 가까웠고 학교도 같이 다녔다. 그때 여자 나이 스물여섯이 넘어서야 결혼해 딸 하나를 두었다. 시대적 이념 갈등으로 남편이 행방불명 돼 청상과부로 지냈지만 적잖은 유산으로 지금껏 어렵지 않게 살고 있다. 우리 모임에는 스스럼없이 곧잘 끼어 대작도 서슴지 않았다. 그녀의 18번인 옛 노래 〈어이나 할 것인가〉는 신세타령 같다. 청승맞아 그만 부르라고 만류한 적도 있었는데 오늘은 어쩌려나. 내가 첫 임지로 떠날 때는 역까지 배웅 나와 그 시절에는 귀한 고무래 면도기 세트를 선물하기도 했다.

백마고지 참전용사 K군의 〈비목〉은 빛바랜 내 아픔의 한국전쟁을 회상케 했다. Y군의 구성진 곱사춤은 해묵은 젊은 시절을 되돌아보게 했다.

소박하지만 성대한 동창회에서 만난 벗들. 험난한 세파를 열심히 살아온 전사들이 아닌가. 이제 백수 역을 향해 달리면서 마지막 소원이 하나 있다면 추하지 않게 슬쩍 잠든 듯 사그라지는 것만이 소원이라고 말했다. 나도 그렇게 사라지겠지.

잔잔한 요동

혼자 딸을 키우며 버겁게 살아온 중년의 여인. 요즘 들어 한결 헛헛함을 느끼는 것 같다. 설 명절의 여운이 남아 있는 어느 한나절 일본에서 편지 한 통이 날아왔다.

딸이 먼저 슬쩍 훔쳐본다. 보낸 이가 누구인지 단박에 알 수 있다. 슬그머니 엄마에게 다가간 딸

"엄마, 새봄엔 일본으로 벚꽃 여행 가요."

라고 말하며 엄마 표정을 읽는다.

나와는 상하 관계로 5년여를 함께 근무하면서 지켜본 그녀는 밝은 표정이 거의 본능적이다. 게다가 성품도 싹싹해 놓치기 아까워 중매를 섰다. 그것도 집안의 조카며느리가 되었다.

신혼 3년여 만에 첫딸을 낳고 아기가 돌도 지나기 전에 가족 나들잇길에서 큰 사고를 당해 남편이 먼저 갔다. 그녀가 혼자 버겁게 감내

하는 삶이 미안하기도 하고 중매한 일을 두고 후회가 겹쳐 가슴 저리며 지켜보고 있었다.

힘겹게 사느라 이제껏 해외여행 한번 가본 적이 없는 엄마. 딸의 제안이 솔깃한 듯 잠자코 귀를 기울여 듣는다. 엄마의 마음은 어느새 연인과 짝이 되어 화사한 벚꽃 그늘을 나란히 걸으며 영화 속 주인공이 되어 폭죽 세례를 받는다.

티 없이 순진했던 소꿉장난, 그 시절을 더듬으면 언제나 엷은 설렘으로 얼굴이 달아오른다. 내 초등학교 단짝과의 환상 속에 젖는다. 2년여 짝을 하는 동안 둘 사이는 책상 경계에 금이 없었고, 시험 시간에 지우개를 넘겨주며 소곤거렸다고 선생님의 매서운 호통도 받았다. 청소 당번하는 날 하굣길에서는 아까시나무 잎 떼기 놀이로 가위바위보를 했다.

동화 속에서 놀던 어린이가 벌써 인생의 황혼길에서 외로움을 타는 것일까? 호감지수를 더 상승케 하는 것만 같다.

짝은 대학을 졸업하자마자 공채되어 해외로 나다니기 시작한다며 가끔 소식은 듣고 있었다. 어느새 일본으로 간 모양이었다. 여러 해를 외지에서 혼자 어떻게 지냈을까. 오늘따라 그동안 막연한 경계심에 변변한 회신도 하지 못한 미안함까지 겹친다.

창밖엔 언제부턴가 새하얀 눈이 펑펑 퍼붓고 있다. 그녀는 편지를 보며 이렇게 생각하리라.

'기왕 초청하려면 기다리게 할 게 뭐람. 번잡하고 흥청거리는 환락의 벚꽃 향연보다 철도원의 낭만이 깃든 설경도 좋잖아.'

설원의 홋카이도北海島에 가고 싶다고 졸라보려는 순간,

'언감생심.'

깜짝 놀란 듯 고개를 흔든다. 가까이하기에는 먼 그대, 여전히 경계하는 파열음인가. 이때 딸이 엄마 등 뒤로 살며시 다가와 꼭 껴안으며

"그래, 엄마 내 걱정 그만하고 이제라도 엄마 인생 살아. 미안해." 라고 말하며 엄마를 위로한다. 딸은 지금의 엄마 심정을 어떻게 헤아렸을까.

그녀가 이제라도 남은 인생 꽃길만 걸었으면.

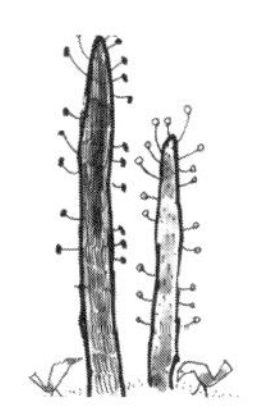

아버지의 지게

아버지 등에는 늘 지게가 얹혀 있었다. 지게를 지면 언제나 바쁘기만 하셨던 우리 아버지. 농경시대를 힘겹게 살아오신 아버지가 아닌가. 한국동란 이전까지만 해도 지게는 우리네 생활필수품이었다. 특히 산악지형이 많은 우리의 농촌 환경이고 보면 수레보다 요긴한 농기구였다, 지게에 나무를 실으면 나무꾼, 옹기를 올려놓으면 옹기장수, 물건을 팔러 다니는 보부상, 지게에 실은 물건에 따라 온갖 꾼으로 바뀌었다.

지게는 오래전부터 우리의 대표적인 운반기구로 선조들의 우수한 발명품이었다. 특히 농경시대에는 떼래야 뗄 수 없는 운반기구였다.

어깨와 등의 힘을 조화시키는 창의적인 운반기구로 단순하면서도 과학적인 원리가 담겨 있다. 이용자의 체격이나 쓰임새에 따라 형태나 크기가 조금씩 다르게 발전해 왔다. 그러기에 식구가 많은 집에는 여러 개의 지게가 있었다. 그리고 숙련된 기술이나 별다른 연장 없이 손쉽게 만들 수 있는 장점이 있었다.

지게의 부품에는 지겟작대기와 바작 등이 있다. 지겟작대기는 지게를 세울 때 새장에 걸어서 버티어 놓기도 하고 무거운 짐을 지고 일어설 때 짚기도 하며 수풀을 헤쳐나갈 때도 썼다. 바작은 짐을 싣기 위해 싸리나무 줄기로 엮은 것으로 운반하는 물품에 따라 조금씩 달랐다. 곡물을 비롯하여 나무, 거름, 옹기 등 무엇이나 실을 수 있다.

모처럼 오일장에 가 참외 판 돈으로 쌈지가 두둑해진 영수 아버지 지게에서는 고등어 한 손도 매달려 함께 비틀거렸다. 빨래하는 처녀들의 재잘거리는 소리가 들리면 장가 못 간 노총각이 그냥 지나치지 않았다. 처녀들이 들으라는 듯 지겟작대기 장단에 맞춰 부르는 구성진 노랫가락이 빨래터를 지나 멀리 울려 퍼졌다. 석양을 등지고 험한 고개를 힘겹게 넘고 있는 저 할배의 짐은 시름일까 행복일까.

지금은 세계적 대도시가 된 서울이지만 그때는 별수 없었다. 우물이 없는 집에서는 식수를 북청 물장수의 물지게에 의존했다. 고요한 새벽에 삐걱삐걱 소리를 내며 오르던 언덕길. 물지게를 벗을 수 없었던 고달픈 물장수였지만 꿈은 버리지 않았다. 물지게는 자식들을 공부시켜야 한다는 교육열의 상징이었다. 이 광경은 한 세기 전까지만 해도 산동네에 실재했던 풍습이다. 역전이나 시장길 모퉁이에 모여 있는 지게꾼들. 허리도 못 펴고 앞만 주시하는 자세는 한 건이라도 더 해야 산다는 처절함이 묻어났다. 힘겹게 열두 구비 고개를 넘어가는 노승의 힘겨운 저 등짐은 시주받은 공양미인지라 시름 속의 행복이었으리라.

우리 집은 농가인데도 지게가 없었다. 친구들이 학교에서 돌아오면 지게를 지고 모두 산이나 들녘으로 나갔다. 그게 부러워서 '나도 지게를' 하며 아버지를 조르자 버럭 화를 내시며 '학생은 공부만 하는 거야' 라며 되레 호통을 치셨다.

우리 아버지의 일과는 정오쯤 앞뒤 논밭을 들러보고 돌아와 책을 읽거나 서예가 유일한 소일거리였다. 소위 남산골 딸깍발이 샌님이셨다. 아버지의 등짐은 한동안 명성을 얻은 적도 있었다. 부지깽이도 돕는다는 농번기. 모처럼 아버지가 지게에 모 몇 묶음을 얹고는 장정 한 마당도 채 안 되는 거리를 가다가 무거워서 한 묶음씩 내려놓았다. 뒤 논배미에 도착했을 때는 달랑 한 묶음만 남았었다는 아버지의 등짐이 한동안 회자 되기도 했었다. 그래도 근동 초상 마당 만장輓章은 모두 아버지 차지였다. 베를 펼쳐 놓고 쓰기에 앞서 먼저 술상을 받았다. 얼큰해야 붓끝에 힘이 들어간다나?

우리의 윗대만 해도 '노는 것은 게으름이고 나쁜 짓'이라 여겼다. 그러나 현재는 어릴 적부터 잘 놀아야 건강하다고 인식한다. 놀이를 통해 보고 배우며 느껴서 변화의 시대에 잘 적응하는 어린이가 공부도 잘 한다.

요즘 나는 일어나자마자 날씨부터 확인한다. 그날 날씨에 따라 활동 순위가 달라지기 때문이다. 나는 어려서부터 공부는 못해도 놀기는 곧잘 했다. 이제는 일정에서 빼놓을 수 없는 산책 즉 걷기운동도 큰 힐링이 되고 있다. 여태껏 내려오던 의식이나 사고도 점점 영악해져 가나 보다.

6 25때는 차가 다닐 수 없는 산골에서는 사람의 힘만으로 물건을

날랐다. 식량, 탄약, 무기 같은 보급품을 나르던 지게 부대도 있었다. 미군들은 이 지게를 'Korean A frame Carrier'라 부르며 요긴하게 썼다.

지게의 쓰임새를 통해 가치와 의미를 다시 한번 되새겨 보게 된다. 지게는 부지런함의 상징이다. 학생을 비롯하여 남녀노소의 등에 진 알록달록한 배낭도 지게의 변형이 아닐까. 정장 차림에 반짝이는 가죽가방을 대신한 배낭, 걸망 또한 지게의 파생 품이 아닐는지. 잃어버리고 사라지는 것들 속에는 참으로 아쉬운 것이 많이 녹아있다.

역전에서나 시장에서 품파는 지게꾼들. 최근까지 유일하게 명맥을 유지하고 있는 설악산 지게꾼이 아직도 성업 중이라고.

말쑥한 정장 차림의 샐러리맨이 도시락 가방을 메고 전철을 탄다. 내가 편하다고 여길 때 남의 시선 따위는 의식하지 않는 것 같다. 어디 그뿐인가. 깨달음을 갈구하는 스님은 등에 걸망을 메고 있다. 이러한 것들은 모두 물건을 운반한다는 목적은 같다. 그 속에는 전통적 삶이 깃들어 있다.

지게의 이면과 진면을 통해 그 가치와 의미를 다시 한번 되새겨 보게 된다. 우리가 추구하고, 생활에 유용한 지게의 근본적 요소는 단연 다루기 편하고 넉넉한 쓰임새, 바로 여유의 멋일 거다.

오늘날의 윤택한 풍요는 선조들이 등짐으로 부지런히 일한 결과가 아닐까. 이 땅은 산지가 많고 들판에는 곳곳에 강과 시내가 흐른다. 넓은 길이 없으니 수레의 편리함을 모르고 살았을 거다. 지게를 통해 우리의 윗대를 뒤돌아보게 한다.

지게가 시대의 변천에 밀려 퇴색하는 것은 어제를 잃어버린 것 같아 아쉬움이 많이 남는다. 돌이켜 보면 뒤늦게나마 아버지의 본마음을 조금 알 것 같다. 좋은 것이든 나쁜 것이든 아버지는 내게 많은 영향을 준 인생의 참 스승이시다. 오늘따라 새삼 아버지의 기억이 새록새록 되살아난다. 그리운 우리 아버지.

제2부

젊은 날의 경춘선

계절 탓일까. 만추의 주말이라 차 안은 형형색색의 옷차림으로 출렁인다. 나 또한 춘천 닭갈비를 빙자하여 청춘열차 2층에 올랐다. 경춘선, 내게는 단순한 탈 것에 그치지 않고 인생 한 자락이 담겨있는 길목이기도 하다.

젊은 미팅 팀, 등산 차림의 한 패, 끼리끼리 왁자지껄 어수선하다. 건너편에서는 알록달록한 차림의 할머니 팀이 차에 오를 때부터 수선을 피우더니 이내 낭랑한 합창은 예행연습이거나 뒤풀이의 여흥인 듯싶다. 그 와중에도 계절을 품은 열차는 부지런히 달려 대성리를 거쳐 어느새 청평. 내리려는 한 패의 웅성거림에 휩쓸려 내 추억도 덩달아 뒤를 따른다.

청평은 첫 임지이며 사회초년생이던 시절 내 요람이기도 하다. 여기서 최연소 기관장 역할도 했다. 기관장 모임 때는 물론 주석의 취담이기는 했지만. 동서나 사위 삼겠다며 귀여워해 주었다. 또 이 지방 초등학교 운동회 때는 앰프 지원을 끈으로 선생님들과도 자주 어우러져 탁구도 함께 즐겼다.

사진작가협회 간사인 P선생도 여기서 만났다. 인파로 혼잡했던 박람회장에서였다. 분명히 비벼대며 아치를 함께 걸었는데 어느 틈엔가 석양의 긴 그림자를 드리우며 한가로이 걷고 있는 여인, 즉 '한가로운 한낮'이란 주제의 예술적 감각에 감동했다. 말이나 글과는 달리 정감을 한 폭에 담아내는 사진의 비범한 기예技藝에 반해 필드까지 열심히 따라다녔다.

사진이란 있는 그대로 담는 게 아니라 주변과 적절히 아우르는 기교에 매직아워(Magic- hour)의 효과와 활용도 적절히 조합해야 흡족한 효과를 얻을 수 있다. 오랜 체험에서 터득한 감각이 복합했을 때 명작이 나오지 않을까. 명품에는 그만한 노력이 있게 마련이다. 문득 솔섬의 진경眞景을 놓고 국제적 저작권 소송으로 번진 사건이 떠오른다. 솔섬의 본디 판권은 누가 뭐라 해도 섬을 창조한 조물주일진대 왜들 저럴까 싶다. 요즘은 핸드폰의 비약적 성능향상으로 어슬렁거리며 마구 찍어대는 현상을 위태롭게 지켜본다.

술은 젊음의 기질이라며 까닭이 있어도 없어도 마신다는 같은 또래 모임인 일명 '디오니소스'의 신고식 날이었다. 첫 가입 주는 무조건 다 받아 마셔야 한다는 후래자삼배後來者三杯를 앞세워 차례로 권주에 견디지 못하고 녹아떨어졌다가 깨어났을 때는 술값으로 저당 잡혀있었다. 사유는 '주접 벌'이라나. 이렇게 주도酒道의 한 수를 배워 나갔다. 별이 쏟아지는 청량한 가을 달밤에 모닥불을 피워 놓고 얼큰하게 취한 술판. 감정을 섞어 시를 읊기도 하고 합창하는 흥겨운 가락은 강변의 밤놀이 흥취를 한층 돋우었다.

핑계나 짬만 나면 서울행이었다. 한참 열애 중인 연인이 있었고. 또한 주만 안 와도 궁금해하는 엄마 같은 누나도 있었다. 누나는 나의 조달청이기도 했다. 공무라 핑계하면 '이웃에서 빌려 온 것이니 쉬 갚아야 한다는 다짐은 받지만 한 번도 갚으라는 독촉도 없었고 갚을 생각도 하지 않았다. 외지에서 고생하는 하나뿐인 어린 동생이기에 빤히 알면서도 그리했을 것이다. 가끔은

"이젠 그만 정신 차리고 결혼해야지 언제까지 그럴 거냐?"

어머니를 대신한 귀 따가운 성화도 내겐 소귀의 염불이었다. 그때는 생활이 더할 나위 없이 자유로웠고 즐거웠으니까.

놀기 좋은 서울 근교에다 호반인 청평이어서일까. 주말이면 걸려오는 전화가 끔찍했다. 공교롭게도 꼭 가야 할 서울행을 망치기에 십상이었다. 모처럼 친구이거나 윗사람들의 방문 통보는 십중팔구 흔치도 않은 잉어회나 물놀이였다. 별수 없이 울며 겨자 먹기로 겉으로는 태연한 척했지만 속은 그 시절의 노랫말처럼 완전히 잡친 날이었다.

그런가 하면 이따금 나를 찾는 손님이 사업을 흥정하면서 뇌물을 건네는 추파도 겪었다. 언젠가 청평 동문으로부터 지금 서울에 와 있으니 술 한잔하자는 연락을 받고 찾아갔더니 곁에 또 한 분이 있었다. 친한 친구라며 소개했다. 처음 만남인데 한사코 2차까지 쏜다고 했다. 그날따라 취하도록 마셔서 혼미상태로 귀가했다.

다음날 호주머니에서 두툼한 봉투를 발견하고 친구에게 연락했더니

"아마 친해 보자는 뜻인 듯하니 그냥 넣어 둬."
라며 여유 있는 사업가라고 덧붙였다. 그래도 어딘지 찜찜해 한동안 서랍에 넣어 두고 있었다. 마침 큰 누님이 입원했다기에 보태쓰라고 보낼까 하다 꾹 참았다.

그 후에도 가끔 만나 서로 차도 같이하며 지냈다. 그 후 얼마나 지났을까 후생 사업을 하자며 접근해와 그 봉투까지 돌려주고는 서서히 만남을 끊었다. 그런데 우연히 그 친구를 부대에서 목격하고 확인 결과 나와 친하다는 미끼로 위험한 짓을 꾸미고 있었다. 그 낌새를 알고 경고를 했더니 앙심을 품고 투서를 했다. 공짜 점심은 없다는 말이 새삼스러웠다.

또 여기서 다시 만난 동문인 친구는 이 지방에서 유지로 행세하는 분의 아들이며 독서를 즐기는 샌님이었다. 그 덕에 읽고 싶었던 책도 많이 읽었다. 들를 때마다 가족 모두가 반가이 맞이해 줘 마치 외가라도 온 듯 포근했고, 단란한 가정 분위기도 따뜻했다. 갈 때마다 접대심부름하느라 들락거리던 여동생은 서울의 어느 학원에 통학하고 있어 나와는 서울 오가는 열차에서 가끔 만나면서 더 친숙해졌다. 언젠가

"오빠와 오가게 되면서부터 치근대던 불량배도 사라졌어요."
라며 좋아했다. 오누이처럼 더 친숙해지면서는 서슴없이 심부름도 부탁했다. 그래서 나를 속속들이 알고 있을 것이다.

어느 날 친구 집에서 나를 불렀다. 혹 잔치 후렴이라도 하려나 싶어 달려갔다. 안방으로 오라는 서늘한 기류에 어느새 긴장이 감돌았다. 그리고 인사도 하기 전에 준엄한 눈초리로 알 수 없는 토막 질문을 쏟

아냈다. 영문을 몰라 침묵하고 있으니

"이제 어쩔 거냐."

라며 다그쳤다. 이때 방문을 열고 들어선 여동생이

"그만들 하세요. 모두 헛소문이에요. 몸살 끼가 있어 좀 쉬고 있을 뿐이어요. 그날 갑자기 비가 너무 많이 와서 역에서 숙소까지 같이 갔을 뿐, 아무 일도 없어요. 창피하게…"

하고 나가버렸다. 그제야 토막 질문의 실마리가 떠올랐다. 서울집을 오갔던 것은 단순한 심부름이었고, 파티장에 참석해 달라고 사정하기에 대타로 잠시 참석했을 뿐이었다. 그날따라 비가 너무 많이 와서 작은 파라솔을 같이 썼던 게 우려했던 대로 몸살이 났던 거다. 여러 목격자의 상상이 비약하여 와전된 것 같다. 그제야 내가

"만약 잘 못 된 일이 있으면 책임지겠으며 내 신의를 걸고 맹세합니다."

고 다부지게 말했다. 이 말에 다소 누그러진 듯해 친구 집을 나와 버렸다

창밖에는 그날 같은 비가 내리고 있다. 지금은 그녀도 행복한 할머니가 되어 혹 그 빗속에 얽힌 추억을 회상하는지. 그때의 추억을 나 혼자만 간직하고 있을까.

청평으로 갈 때의 초심은 조용한 곳이라 마음 잡고 못다 한 독서(공부)나 해야겠다는 다짐이었다. 그러나 산수 좋은 곳에서 마음에 드는 벗과 어울려 놀기좋았고 서울이 가까워서 예정이 빗나가고 말았다. 그래도 내 딴엔 이것저것 열심히 찾고 뛰고 덤벙거려봤지만 제대로 된 것도 이룬 것도 없었다. 어쨌든 그간에 열심히 활동했다고 생각하

고 있었다. 젊은 날의 회상에서 막 깨어나 돌아서려는 나를 배웅하려는 듯 청평이 '그때는 청춘의 낭만이 있었고 꿈도 야무지지 않았냐'고 되묻는 것만 같다.

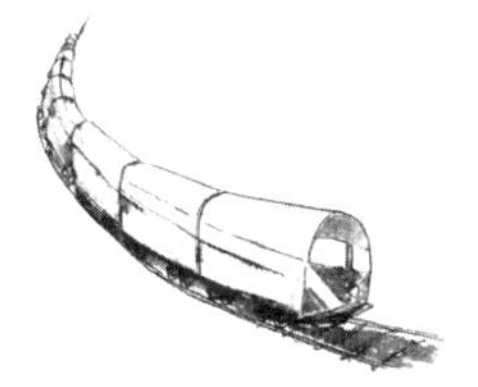

괘종시계

땡땡땡…. 현관을 막 들어서자 또박또박 아홉 점을 치며 우리를 반겼다.

어느새 높아진 푸른 하늘. 낙엽이 져 나뒹구는 계절이다. 조급한 마음에 서둘러 성묘를 다녀오는 길이었다. 빠르다는 고속철이지만 먼 천릿길을 당일로 되짚어 오니 피곤했다. 한편으로는 또 끝냈다는 후련함에 털썩 주저앉아 다시 괘종시계를 봤다.

우리 집 괘종시계는 지금처럼 시계가 흔치 않았던 때에 회사 창립기념 특별 공로로 받은 보너스로 샀기에 기념의 의미도 있다. 화려하고 세련된 명품은 아니다. 두툼한 갈색 나무상자 안에 긴 시침과 짧은 분침이 유리를 통해 보인다. 날짜와 요일까지 거르지 않고 40여 년이란 긴 세월을 온 식구에게 충실히 시간을 일러 준 참으로 요긴한 물건이다. 단순히 시간을 알려주기만 한 것이 아니라 우리 가족의 일상도 고스란히 안고 있다.

우리 집의 하루는 주부와 시계가 눈을 맞추면서 시작된다. 어두운 새벽 발꿈치를 들고나와 부엌 불만 밝히고 아침 준비를 한다. 시간이 지날수록 주부의 손길이 바빠진다. 다음으로는 밤늦도록 공부하다 늦잠에서 덜 깬 큰 애가 하품을 하면서 화장실로 향한다.

이보다 한참 후에 일어난 잠꾸러기 딸은 시계를 보자 기겁을 하면서 대뜸

"좀 깨워 주지 엄마는."

하고 애꿎은 제 엄마를 탓한다. 이때부터 좌충우돌 혼자 바빠서 허둥댄다.

아직도 막내는 오밤중이다. 이불을 홀랑 제치며 엄마의 호통을 듣고 부스스 일어나 밥상에 끼려다 또 한 차례 야단을 맞는다. 그래도 하라는 대로 고분고분한 게 신통하다.

신발을 신고 나서려다 말고 깜박한 듯 후원회비 마감 날이라며 댓돌 위에 선 채 재촉하는 딸애. 한 참 만에 다시 뛰어든 막내가 신발주머니 달라고 외친다. 이어서 가장이 출근한다. 이렇게 어수선한 북새통 끝에 아침 한판이 지나간다. 잠시 후 주부는 보세공장 하도급 일감 마감 날에 쫓긴다.

어느 날 한밤중에 아내가 큰애 곁에서 머리를 짚고 있었다. 나를 보자

"감기인 줄만 알았는데 제 몸보다 더 무거운 신문 배달을 하고 있다지 뭐에요."

하며 목멘 소리를 했다. 끙끙 앓는 아이 곁에서 지새는 그 밤은 시계

도 함께한 더딘 밤이었다. 큰애는 초등학교 때는 사립 학생들이 독차지한다는 모 육영회 장학생이 되기도 했다. 중학교에서는 전교 동급 최 우수생 배지를 연속 달고 다닐 때는 기쁨도 잠시 비좁은 단칸 셋방에서 견뎌낸 대견함에 부모 노릇을 못 한 쓰라린 회한에 오래도록 마음이 아렸다.

막내 대학 진로 가족회의 때

"눈높이를 낮춰서 장학금을 받을 수 있는 대학에 지원할까 해요."

장본인 스스로 뜻밖의 제의를 하기도. 터울이 짧아 세 남매가 대학생이기에 가정 형편 때문인 것 같아 꺼림칙하고 씁쓸했다.

'용의 꼬리보다 차라리 닭 볏을'

이렇게 쓴 글 끝에 '빠질 수 없는 미팅이기에 차비까지 털어 쓰고 한나절을 걸었다'는 큰애의 일기장을 우연히 본 나는 그저 우두커니 서 있는 장승이었다.

우리 집 가계부에는 용돈이란 항목이 아예 없었다. 특히 세 아이 누구도 예외 없이 용처를 밝혀야 했다. '세상에 공짜는 없다'는 게 돈주머니를 쥔 제 엄마의 확고한 신념이었다. 그 대신 잘한 일이나 집안일의 등급에 따라 보너스가 있고. 명절이나 행사 때 어른들께서 주는 용돈이 아이들의 유일한 수입이었다. 그도 엄마가 관리하는 각자의 통장에 넣어 두었다가 용처를 밝히고 쓴다. 딸애만은 가끔 엄마의 눈을 피해 슬쩍 내게 다가와 '맨 날 얻어먹을 수만은 없지 않느냐'며 손을 내밀 때도 있었다. 막내의 수법은 늘 엄마를 따라다니면서 그때그때 필요한 것을 챙긴다.

막내가 갑자기 큰 수술까지 받는 중병으로 장기간 입원했다. 퇴원

할 때는 하나 남은 결혼 예물을 들고 전당포행. 저만치에서 지켜만 보던 나는 유난히 추웠던 날씨에 손발이 시린 것보다 마음이 더 시렸다.

까까머리 수험생도 이제는 그 또래가 된 아들을 둔 중년이 되었다. 어쩌다 손주들과 함께 집에 올 때면 마치 오래된 앨범이라도 보는 것처럼 그때 겪은 일들을 재미있게 들려주곤 한다. 가슴 찡했고 훈훈했던 우리 가족 사연 모두를 저 시계가 다 지켜봤다.

하루 같이 괘종시계에 맞춰 짜인 시간대로 움직이던 주부도 지금은 할머니가 되었다. '그 시절을 또 겪으라면 다시는 못해'하며 손사래를 치면서도 그 고된 가슴앓이를 회상이라도 하는 듯 눈만 깜박인다.

70년대까지 부잣집 장식품이기도 했던 괘종시계는 디지털 시대가 되자 태엽을 감아 동력으로 작동하는 불편한 시계가 되어 점점 판매도 줄어들다가 2000년대 이후는 생산까지 중단했다. 그런데도 아이러니하게도 중고 매물은 점점 비싸지고 있다고 한다.

있는 것보다 없는 게 더 많아 쪼들리는 생활에서 벗어날 수 없어 고난도 가족과 같이했다. 이제는 세월의 변천에 밀려날 것 같다. 밤마다 늦게 들어오는 가장을 위해 연탄불 위에 올려놓았던 양은 냄비와 같이 차마 버리지 못해 소금 꽃이 하얗게 필 것이다.

시계를 볼 때마다 늘 당당한 가장이 되려고 노력했다. 별과 달을 보면서 출퇴근하며 나름대로 애를 써봤지만 이룬 것은 없고 아쉬움과 후회만 남았다. 가진 것도 내세울 것도 없는 주제에 가끔은 밥보다 알량한 자존심을 중시하다 손해를 본 적도 있다. 그래도 후회만은 하지 않기로 했다. 모자라기만 한 가난을 견디며 아내와 함께 삶의 고개를 넘어온 지난날을 되돌아보았다.

이제는 있으면 있는 대로 없으면 없는 대로 걱정을 안 하고 사니 세상 부러운 것도 두려운 것도 없다. 마음으로는 백만장자라도 된 기분이다.

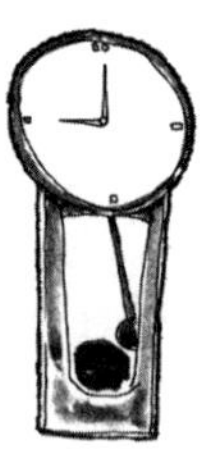

그때 그 맛

한적한 주말이었다. 뜻밖에 아이들이

"할아버지, 보고 싶었어요."

"저도요."

하고 외치며 시샘이라도 하듯 손자 남매가 양팔을 벌리고 달려온다. 아들 내외도 뒤따라온다.

"애들이 할아버지 집에 가자고 졸라서요."

보고 싶다는 말은 제 부모의 인사치레 말일 테지만 듣기 좋았다. 어쨌든 그 녀석들이 찾아온 것만으로 집 안이 일시에 환해졌다. 그간에도 간간이 귀여운 어린 손자의 목소리를 듣는 것이 즐거움이요 낙이었다. 잠시만 뜸해도 궁금하고 기다려졌다. 그저 예쁘고 귀엽기만 하다. 이런 마음이 내리사랑이란 건가.

내 어릴 적 아버지를 따라가 처음으로 먹었던 자장면이 얼마나 맛있었던지. 당시는 청요리라고 했다. 맛을 들여 지금껏 즐겨 찾는 별미가 되었다. 조금은 엉뚱한 발상일까.

"얘, 니네들 맛있는 것 먹으러 안 갈 테야?"

했더니 단번에

"얍!"

함성으로 즉답하고 신발을 끌면서 양쪽에 매달려 따라나선다.

"가만있자 어디가 더 맛있을까."

하자. 얼른 손자가 나서며

"내가 봐 둔 데가 있걸랑요. 글로 가요."

"거기가 어딘데."

"아, 일단 따라와 보시라니까요."

녀석은 신이 났다. 내 맘 둔 곳과는 다르게 벌써 점 찍은 곳이 있나 보다. 손자에게 이끌려 단숨에 다다른 곳은 이벤트 행사 현수막이 걸린 패스트푸드 점이다. 들어서자마자 먼저 음료수 컵을 챙겨와 단숨에 쭉 마시고는 다시 가득 채우고야 무한 리필이란다. 그리고는 남매가 주문을 상의한다.

"할아버지 뭐 드실래요."

나는 메뉴판에 적힌 이름은 읽기조차 어려웠다. 그런데 녀석은 주문 절차에 익숙한 게 제 부모와 함께 온 적이 있었던 것 같다. 이제 내가 할 일은 그저 지켜보면서 계산할 일만 남은 것 같다.

애초 내 의도는 어릴 적 청요리로 대우받던 자장면 잔치였는데 요새 아이들에게는 그저 그런 것 정도로 되어버렸다. 우리 때는 외식이란 그것밖에 달리 없었던 시절이어서일까. 먹을 수 있다는 것만으로도 더 없는 성찬이요 즐거운 외식이었다.

'저게 그토록 맛있을까?'

입맛도 시대, 세대에 따라 다른가 보다. 만만디의 중국인 주인의 느린 행동에 지쳐 있을 무렵 투박한 면 그릇에 끼얹은 시커먼 자장면 소스, 일명 볶은 자장은 군침이 돌았다. 미쳐 비빔도 덜 된 채로 한입 가득 후려 넣는 그 맛은 허기진 시대의 진한 감성도 함께 농축되어 있으리라. 참으로 맛있었으니까. 그 맛도 세월과 시대에 따라 변하면서 지금의 나 역시 언제 어디서도 그때의 그 맛을 느끼지 못하고 있으니 말이다.

변한 것이 어찌 내 입맛뿐이겠는가. 기름때에 절어 반질반질하던 앞치마를 두른 아줌마도 예쁜 제복을 입은 묘령의 아가씨로 바뀌었다. 우중충한 붉은 실내도 산뜻한 현대식 인테리어로, 분위기와 가격, 손님까지도 말끔히 바뀌어 딴 천지가 되었다. 하긴 지금은 세계가 한 울타리가 된 글로벌 시대다. 먹거리 역시 변화하는 국제화 시대에 맞추어 새로운 맛에 길든 세대에게는 어찌할 수 없는 일이다. 내가 그렇게 맛있게 먹었던 그 맛을 우리 손자들에게 한 번쯤은 맛보여 주고 싶었는데. 그만 얼떨결에 이곳으로 따라오고 말았다.

그러나 어쩌랴. 저렇게 맛있게 즐기고 있으니. 한참 후에야 가게 문밖을 나서자

"할아버지 쿠폰도 받았어요. 모아 두었다가 다음에 세트 메뉴를 먹어야지."

하며 좋아한다. 그래 너희들이 먹고 싶어 하고 좋아하는 거라면 뭔들 어떠하랴. 손자는 맛있는 것 먹어서 즐겁고 할아버지는 좋아하는 손

자가 예쁘고 귀엽기만 할 뿐이다.

양손에 손자들을 꼭 잡고 흥겨운 가락에 맞추어 팔을 흔들며 걷는다. 집으로 돌아가는 발걸음이 한결 가볍다.

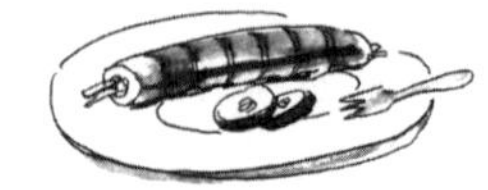

추억의 통학열차

여행은 언제나 설레는 것인가. 쾌적하고 날렵한 고속열차에 몸을 싣고 모처럼의 모꼬지 길에 나섰다. 웅장하고 말끔해진 정거장, 승객들은 자동화된 시스템에 따라 시간에 맞춰 느긋하게 움직인다.

정시에 발차 신호가 울리자 창밖의 전주는 차츰 빠르게 지나가는데 차는 미동도 하지 않는다. 호화롭고 쾌적한 객실, 옆 좌석까지 독차지하고 차창 가득히 숨어드는 천지의 색색을 온전히 감상한다. 호젓하고 아늑한 시공 속에서 여행을 만끽하는 것도 분명 행운일 거다. 어디쯤 가고 있을까. 이대로 끝없는 여행이었으면 싶다.

기차와 나는 긴 인연이 있다. 검은 굴뚝에서 흰 연기를 뿜어내며 느릿느릿 산모퉁이를 돌며 울어대던 통학 열차. 어느새 추억 속을 달리고 있다. 통학 길의 학우들, 제각기 포부와 재간을 다투던 얼굴들, 이번 만남에서는 어떤 변화가 있고 화제의 안줏거리는 무엇일까.

흔하던 사발시계 하나 없이도 달구리를 가늠으로 어김없이 새벽동자 채비로 부엌으로 나가시던 어머니. 살며시 내게로 다가와 이불을 덮어 주셨다. 그때부터 다시 깨울 때까지 달콤한 단잠을 한숨 잘 수 있었다. 평생을 나만을 위해 살아오신 우리 어머니만은 쉽게 가시지 않을 거라는 뒤늦은 후회에 가슴 저릴 줄이야.

그때의 통학 열차 대부분은 널판자로 의자만 급조한 유개 화차였다. 한 시간 연발착은 예사였던 시절 나에게만은 유별나게 인색했던 것 같다. 미리 가서 기다린 날은 지각을 우려할 만큼 애타게 늘어지다가, 어쩌다 개잠에서 놀라 허겁지겁 달려갔을 때는 꽁무니 붙잡을 짬도 허락지 않고 매정하게 달아나 버렸다. 이 심술의 여파는 초조한 지각이냐 차라리 결석이냐의 충동에 갈팡질팡한 적도 있었다.

번잡한 5일 장날의 통학 길에서는 여기저기서 학생들의 진기한 쇼가 펼쳐졌다. 많은 짐꾼과 커다란 푸성귀 봇짐이 승강구까지 가로막고, 좌석은 장꾼들이 다 차지했다. 남학생들에게 설 자리조차 없다는 좋은 구실로 출렁일 때마다 밀린 척 살금살금 여학생에게로 접근해 어떻게든 관심을 끌려는 꼴불견도 있었고, 또 평소 얄미웠던 여학생을 골려주려고 작당한 남학생들도 있었다. 먼저 여학생을 옴짝 못하게 에워싸고 이어지는 야한 조롱조의 패담은 여학생이 듣다못해 울어 버려야 끝이 났다. 그날따라 척하는 열독 생도 있었고 또 혼잡을 틈타 선불리 러브레터를 건네려다 들통 나는 일도 가끔 일어났다.

역에서 장에 이르는 혼잡한 길에서는 독수리 떼(자전거 통학생들)의 공습도 있었다. 깜짝할 순간에 탈취한 모자를 엄한 영감님 갓 위에 얹었을 때는 무례를 몽땅 뒤집어써야 했고, 노틀 여학생 떼거리에 씌워

졌을 때는 최소한 고분고분해야 돌려받을 수 있었다. 의도적으로 샛길로 들어서면 여학교 수위실까지 찾아가야 했다. 으레 독수리는 햇병아리를 좋아하지만 더러는 오인도 하기에 키 작은 층에 속한 나도 긴장했다.

어느 해 총동창회 때 한 후배가 우리 쪽으로 당돌하게 다가와 난데없는 매파 역을 처음 발설했다. 주연은 여학생 앞이면 관심을 끌려고 유별나게 튀는 행동을 했던 R 군이었다. 당시 영어가 인기 과목이었던 시절 그날 배운 영어 문단의 어설픈 발음은 곁에 있는 것만으로도 창피했다. 그 알량한 실력이 통학 길에서 반려자를 찾았고 그것을 밑천으로 명교사가 되었다. 자식을 유학까지 보내 좋은 자리에 있어 지금은 부러워하는 동창 중 한 사람이 되었다.

정거장 마당이 한강수가 되었던 슬픈 날도 있었다. 통학 열차에 아들을 잃은 한 어머니가 열차가 떠나려 할 때

"우리 아들은 아직 안 왔어. 우리 애 오거들랑 태우고 가."

한사코 홈으로 뛰쳐나오려는 것을 붙잡고 말리던 역무원도 눈물을 글썽였다. 이 광경을 지켜본 여학생들도 발을 동동 구르며 울었다. 그날따라 기적도 목이 멘 듯 길고 구슬프게 울어 마음 무거운 아침 통학길이었다.

나는 한때 열차로 출퇴근했다. 그때 늘 함께했던 두 친구가 떠오른다. 검붉은 얼굴에 덩치도 우람하고 아침까지 술 냄새가 가시지 않는 모 부대 선임하사 K와 미리 자리까지 마련해놓고 기다리는 대학생 P군이다. 더러는 휴일에 만나 술자리를 같이하기도 할 정도로 친해져 잘 어울렸다.

그날따라 일찍 퇴근하는 토요일. 열차가 막 홈에 정거했을 때였다. 별안간 K가 내 등을 턱 치며 쏜살같이 앞칸으로 내달렸다. 나도 반사적으로 뒤따라갔다. 기차는 막 떠나려는데 급히 내리려는 두 젊은이의 앞을 K가 가로막았다. 당황한 듯 반대쪽으로 내리려 하자 이젠 등을 움켜잡았다. 어느새 뒤따라온 P군도 합세했다. 그리고

"좋은 말로 할 때 돌려줘. 어쩔 거야."

죄인 취급이었다.

"알았습니다. 형님들."

별안간 꼬리를 내리며 뭔가를 건넸다. 그리고는 움직이는 열차에서 뛰어내려 도망쳤다. 순식간에 일어난 일이었다. K는 바로 차 안을 두리번거리다 한 아주머니에게로 다가가 조심스럽게

"아주머니 주머니 좀 보세요."

그제야

"내 돈!"

하고 외치며 털썩 주저앉았다. 논산 훈련소로 아들 면회 가는 길이라 했다. 그 일이 있고 난 뒤 소문이 퍼져 역장도 우리를 만나면

"오늘의 전과는 어떠셨는지요."

하는 말이 인사였다.

기차가 나를 꾸준히 실어 날랐기에 오늘의 내가 있다. 이제는 어서 가자고 외치던 기적도 꿈속에서조차 들을 수 없어 아련한 그리움으로 남아있다. 느리기에 숨을 고를 수 있는 여유가 있었고, 만원이기에 부대끼는 사람 냄새가 깃들어 있어 오래도록 내 마음속에 추억의 열차로 남아있다.

잊지 못할 유년의 맛

이른 아침부터 까치 한 쌍이 짖어대는 통에 잠에서 깨었다. 기쁜 소식이라도 있으려나 기대해 보지만 오늘따라 하늘이 잔뜩 흐려있다.

불현듯 한동안 소원했던 누나가 떠올라 서둘러 찾아갔다. 예상했던 대로 머리띠를 하고 누워 계셨다. 그 몸으로 어느새 부엌 일손이 바빠졌다. 언제나 내가 찾아가면 따뜻한 밥을 먼저 먹이겠다는 불문율이 있는 것 같다.

오늘은 어떤 반찬일까. 벌써 부엌에서 새어 나오는 구수한 우리 집만의 그 맛을 눈과 코가 먼저 감지하는 것 같다. 누나의 손맛이 바로 엄마의 맛이다. 주로 간장과 된장, 고추에 천연 조미료로 조리하는 우리 집 간은 약간 짭조름하고 매콤하다. 거기에 특이한 감칠맛이 있다.

밥상이라야 투박한 뚝배기에 걸쭉하게 끓인 된장찌개, 새콤한 묵은 김치, 그 외 엄마가 좋아하는 젓갈류 약간이다. 철 따라 다르기는 하지만 텃밭의 채소로 즉석에서 오물조물 버무린 어머니의 손맛이 배어 있는 겉절이는 일품이다. 어려서부터 먹고 자라서일까. 그 맛은 잃어버린 입맛을 되찾게도 한다. 우리 집의 본 맛은 여기 누나를 통해서만 맛볼 수 있다.

지금껏 잊지 못하는 특식도 있다. 백숙은 무더운 더위를 이겨내는 활력소이고, 돼지고기를 듬성듬성 썰어 넣고 매콤하게 끓인 곰국은 엄동 추위를 이겨내는 우리 집 보양식이다. 생일이면 김이 모락모락 오르는 찰시루떡에 동지팥죽도 떠오르고 술을 좋아하시는 아버지 덕에 따끈한 해장국도 가끔 오른다.

유독 우리 집에서는 점심으로 비빔밥을 자주 해 먹었다. 밥이 모자란 듯한 날이면 큰 함지박에다 밥 다 털어 넣고 텃밭의 여러 채소 듬뿍 넣고 참깨, 고추장, 참기름을 쳐서 비빔밥을 했다. 한입 가득 먹을 때 푸성귀의 싱싱함과 양념이 어우러져 우리 집만의 오묘한 비빔밥이 되었다. 모자란 듯해서일까. 식구 여럿이 다 함께 먹어서일까. 참으로 맛이 있었다. 유아 초유의 맛이란 게 이런 걸까. 나는 지금도 비빔밥을 좋아한다.

내 밥은 감투밥인데도 누나는 항상 더 먹으라 권하는 사연이 있다. 언젠가

“우리는 언제 고기 지글지글 구워서 흰 쌀밥 실컷 먹어볼까.”

우리 집 밥상과는 너무도 다르게 푸짐하게 먹고사는 친구 집이 부러워서 해본 어릴 적 투정을 지금껏 못 잊는 것 같다.

어머니가 모처럼 장에 다녀와서 차렸던 만찬은 아직도 잊지 못한다. 도마 위에는 김이 모락모락 나는 수육과 묵은 포기김치에 새우젓

종지가 따라 나왔다. 벌써 어머니는 수육을 두툼하게 썰면서

"어서들 먹자. 따슬 때가 더 맛있다."

나는 도마 앞으로 바싹 다가가 한참을 정신없이 먹고 있었다. 야릇한 낌새에 슬쩍 살폈다. 어느새 누나가 고기를 썰면서 엄마에게 권했다. 엄마는 누나에게

"너도 어서 먹어."

서로 옥신각신이었다. 누나는 그저 어물거릴 뿐이었다. 모정은 차치하고 누나마저 왜 저럴까. 배고픔이야 노동하는 누나가 훨씬 더할 터인데. 그때의 훈훈한 감정과 맛을 오래도록 잊지 못하고 있다.

누나와 나는 다섯 살 터울이다. 아버지가 돌아가시면서 남겨주신 많은 빚 때문에 끝내 사는 집마저 압류당하는 역경도 겪었다. 그 여파로 누나는 학교도 그만두고 품팔이를 하여 가족을 부양했다. 심지어 벌이가 있는 곳이면 공사판 막노동도 서슴지 않을 만큼 억척스럽게 품을 팔아야 했다.

지금 누나와 나는 그때를 연상케 하는 것보다 더 푸짐한 잔치를 벌이고 있다. '따슬 때 먹자'라는 말만은 여전하다. 재료도 솜씨도 같은데 지금은 왜 맛이 다를까. 그때의 수육은 유달리 쫄깃했고 연했으며 잡내도 없어 참 맛있었는데. 지금도 여전히 누나는 많이 먹으라고 권한다.

풍요를 가득 누리고 사는 지금, 입맛의 변화와 이런저런 핑계로 외식이 잦아지면서 집밥 즉 어머니의 밥상도 차츰 추억 속으로 묻혀가고 있다. 얼마 전에 별난 웰빙식이 있다기에 어딘가 따라가 봤더니 번호표를 받고 기다려야 하는 꽁보리밥 집이었다. 어릴 적에는 여름 내

내 꽁보리밥에 풋고추와 된장을 질리도록 먹었던 가난했던 그 시절에 물려서일까. 지금도 나는 보리밥은 별로이다.

먹을 게 없어서 허리띠 졸라매던 때가 얼마 전이었는데 요즈음의 젊은이들은 다이어트를 한다며 억지로 굶으려고 한다. 배부른 타령이 아닐까. 한편으로는 가난했던 그 시절에 연민의 정을 느낀다.

오는 길에는 부슬비가 소리 없이 내리고 있었다.

"우리 엄마 몸살 끼는 기상대보다 더 정확해요."

하던 조카의 말에 문득 가난에 힘겨웠던 누나, 애옥살이의 여독이 도진 것만 같아 오늘따라 내 가슴이 아리다.

꿈꾸는 몽당연필

미동도 없는 흰 구름 위에서 막 기내식을 끝냈다. 저편에서 인형 같은 어린이와 한 할머니가 화장실이라도 가려는 듯 이쪽으로 걸어오고 있었다. 퍽 낯이 익다. 어디서 본 듯한 얼굴인데 짐짓 눈이 마주쳤는데도 태연하다. 착시라고 쉽게 생각하기는 너무 아쉬웠다. 기억을 이리저리 더듬어 봐도 좀처럼 떠오르지 않았다.

착륙 비상등이 켜질 무렵에서야 '맞아 그녀야' 어릴 적 모습으로만 새겨져 있기 때문일까. 그녀 역시 몰라볼 수밖에. 가족여행 중일까. 은근히 궁금하기도 해서 확인하고 싶은 조급증에 착륙하자마자 서둘러 컨베이어 벨트에서 찾아봤고 이어 밖에서도 두리번거렸지만 허사였다. 지금 내가 뭐 하자는 거지?

초등학교 3.4학년 여름 하굣길이었다. 그녀의 집 앞에 이르렀을 때 마침 밖에 나와 있던 그녀의 할머니에게 꾸벅 인사를 하자 반갑게 맞아 주었다. 더운데 냉수라도 마시고 쉬었다 가라기에 따라 들어갔다, 그녀는 벌써 숙제를 하고 있었다. 시원한 꿀물에 벽장에서 귀한 사탕까지 꺼내주는 융숭한 대접을 받았다. 할머니가 내 곁으로 다가와 머리를 쓰다듬으며

"공부 잘해야 한다. 너는 이 집 사위이기도 하니까."

난데없는 할머니의 말에 그녀는 공부하다 말고 밖으로 뛰쳐나가 버렸다. 전부터 어렴풋하게나마 우리 사이가 남다르다는 것쯤은 알기에 새삼스러운 일도 아니었다.

우리 둘은 태어나기 전부터 양가 어른들 간의 굳은 언약으로 맺어진 사이였다. 술자리이지만 성性이 다르기만 하면 서로 사돈 하자고 했고. 그녀와는 동갑내기에 같은 해에 입학했다. 짝이 되면서 더 스스럼없는 사이가 되었다. 청소 당번 날이면 단둘이 오는 길에서 아까시 나무 잎 떼기 가위 바위 놀이도 했고 또 학예회에 같이 뽑혀 한 달여를 연습할 때도 있었다. 둘만이 돌아오는 길에 눈깔사탕을 문 양 볼이 볼록한 꼴을 두고 서로 웃기도 하고, 행운의 네잎클로버를 찾으며 즐겼다. 단둘이 걷는 그 길은 어찌 그리 짧았던지.

학년이 바뀌면서 공교롭게도 통로를 사이에 둔 옆 짝이 되기도 했다. 하루는 호랑이 선생님의 숙제 검사가 시작됐다. 그날따라 숙제를 안 해온 나는 마음을 졸이고 있었다. 이를 눈치채고 자기 차례를 마치자 얼른 공책을 내게로 던져 준다는 게 그만 바닥으로 떨어지는 소리에 발각되어 복도로 쫓겨나 함께 벌을 받은 적도 있었다. 어쩌다 학교에서 싸우거나 선생님께 야단맞았을 때는 어김없이 누나에게 일러바쳐 역정을 듣게 했다. 딴엔 그렇게 은연중 나를 챙겼다. 학생들은 우

리 사이를 본관만 다를 뿐 성이 같기에 가족 또는 가까운 친족쯤으로 여기는 것 같았다.

5 학년 새 학기의 어느 봄날. 그날따라 늦은 하굣길인데 동구 밖에서는 난데없는 큰 짐차에 이삿짐을 싣느라 분주했다. 어느새 그녀가 가쁜 숨을 몰아쉬면서 내게 다가왔다.

"왜 이제 와. 하마터면 못 볼 줄 알았어."

오래 기다렸다는 듯 짜증이었다. 불쑥

"자!"

하며 곱게 접은 봉투 하나를 내밀었다. 그리고 막 무슨 말을 하려는데 그녀를 다급하게 부르는 언니 소리가 들리자 발을 동동 구르며

"공부 잘해. 싸우지 말고. 중학교 가거든 꼭 편지해."

토막말을 하면서 허겁지겁 뛰어갔다. 나는 뭐라 말할 짬도 없어 장승인 양 우두커니 선 채 먼지를 일으키며 떠나가는 차 뒤꽁무니만 바라보고 있었다. 이게 마지막 이별일 줄은 그땐 생각지도 못했다.

각별하게 지냈던 두 집은 사소한 비방이 송사로 번지면서 갈수록 틀어져 앙숙이 되고 말았다. 양가의 분위기 탓일까, 고학년이 되고 분반되면서 우리 사이도 차츰 멀어져 갔다. 거기에다 그녀의 아버지가 수원으로 전근되어 이사하면서 아주 멀어졌다. 후에 안 일이지만 이사도 두 집 간의 힘겨루기와 무관하지 않았던 것 같다.

나는 중학교 입시에 떨어져 약속한 편지를 할 명분마저 없어졌다. 그녀는 서울의 명문교에 입학했다는 소식을 들은 누나의 입방아와

"계집애만도 못한 놈."

이란 어머니의 질책에도 입시에 떨어진 모멸감보다

'너라도 합격해서 그나마 다행이야.'
라며 마음속으로 그녀의 합격을 축하해 주었다.

나는 이듬해에야 입학했다. 어떻게 알았는지 그녀는 친구를 통해 난데없는 연습용 갱지 한 묶음을 보내오면서
'필요한 참고서도 보내고 싶은데 어떠냐.'
는 쪽지도 같이 들어있었다. 그때 양가 반목의 골이 갈수록 깊어졌는데도 아랑곳하지 않는 것이 고맙기만 했다.

보슬비가 내리는 호젓한 휴일의 한나절. 그 시절이 떠올라 빛바랜 보스턴 가방에서 그때 받은 선물을 찾아냈다. 몽당연필이지만 그때까지 은은한 향이 풍겼다. 당시 학생들 간에는 이런 연필을 가진 것은 자랑이고 또한 부러운 일이었다. 연필을 다시 생각해 보았다. 학생들에게 필수용품, 그리고 언제든 쓰고 싶은 대로 쓰다 틀렸을 때 쉽게 지울 수 있어 편리한 필기구이다.

이런 몽당연필을 여태껏 간직하고 있다니. 어릴 적 한때나마 다정했던 소꿉 단짝의 우정 표시이니까. 못 잊을 만큼 어딘가 좋아했던 증표로 받은 것이니까. 우리는 어른들의 의향에 따를 수밖에 없는 철부지였고 사랑과 이별이 뭔지도 몰라 시작조차 하지 못했다. 그런데도 오랜 세월이 지난 지금까지 그 소녀가 눈앞에 아른거리는 것은 무엇 때문일까. 그저 어릴 적 한때 소꿉동무일 뿐인데, 이런 감정은 나 혼자만 간직하고 있을까.

창밖에는 봄비답지 않게 빗줄기가 세차게 퍼붓는다. 불현듯 그녀의 이름이 새어 나오는 내 목소리에 놀라 머리를 흔든다.

반짝이는 눈동자. 귀엽게 웃음 짓는 열두 살 소녀. 목숨을 건 전쟁

터에서나 외로울 때면 떠오르는 그 상냥한 환상이 깨질 것만 같아 다시 찾는 일은 그만두기로 했다.

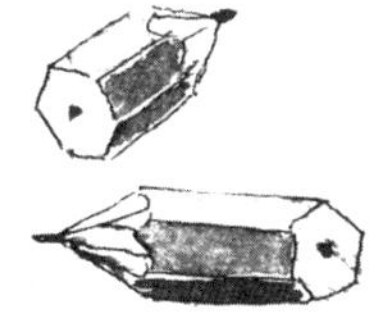

바람에 실어 보낸 소식

이민 간지 여러 해 만에 그가 갑자기 고국을 찾아왔다가 다시 돌아가는 배웅 길이었다.

“잘 있으라우.”

하고 돌아서면서 연신 손수건으로 눈을 가리는 뒷모습을 혼자서 지켜보고 있었다.

요 며칠간 함께 있다 보니 많이 수척한 모습 하며 늘 불안해하고 갈팡질팡 허둥대는 꼴이 뒤숭숭해 보조를 맞추기도 힘들었다. 덩치만큼이나 듬직했고 침착했던 예전의 그가 아니었다. 그간 고약한 질병이라도 얻었는지. 아니면 동경했던 선진국 이민 생활에 대한 실망이라면 인간 이식도 쉽지만은 않은 것 같았다. 어쨌든 심상치 않았다.

친구는 성姓의 가나다순으로 자리가 정해지는 연수 과정에서 나와 짝이 되었다. 성만 같을 뿐 나이는 세 살 차이고 출생지는 남과 북으로 완전히 달랐다. 성격도 대조적으로 나는 덤벙대고 친구는 침착했다. 첫 대면 때부터 질박한 사투리 속에 소박함이 배어있어 한결 정겨움이 묻어나는 친구였다. 힘들 때는 서로 격려하고 내가 허둥대다가 기회를 놓칠뻔했을 때도 바로 잡아 주며 함께 걸어왔다. 친구가 조금 약한 학술 분야나 주말 외박 때는 내가 도우며 함께 지낸 짝이었다. 이렇게 연수 과정을 마치고 각기 다른 임지로 떠났다.

헤어진 지 2년여 만에 내가 부산으로 갔을 때는 친구가 먼저 와 있었고. 당분간이라는 조건을 전제로 두 번째 룸메이트가 되었다. 흥청대는 항구 도시 부산. 처음 와 본 내게는 환상의 도시였다. 또래도 제법 사귀어 모임도 잦았다. 일과가 끝나는 삼십 분 전이나 주말이면 으레 오늘은 아무개의 축하, 위로, 턱, 돌림, 탐방 등을 핑계로 부산의 환락가와 인근의 이름난 곳을 찾아다니며 즐겼다. 친구는 나와는 달리 정확한 셔틀 통근이었다. 밤늦도록 뭔가를 조립하고. 늦도록 서류와 씨름하며 늘 쉬지 않고 일감을 찾아서 열중했다.

주말이면 작업복 차림에 비망록을 챙기고 어김없이 어디론가 떠났다. 당일치기가 통상이지만 때로는 외박도 했다. 처음에는 호기심에서 좋은 데면 같이 가자고 보채기도 했지만. 이 일만은 번번이 무응답이라 단념하고 말았다. 어떤 날은 만취해서 오고 어떤 밤은 한숨으로 밤을 지세기도 했다. 그러면서도 내색하지 않으려고 무던히 애쓰는 것 같아 나 역시 못 본 척, 못 들은 척했다.

하루는 형수란 분이 찾아와 마련한 술자리에서였다.

“이젠 그만 해요. 안 넘어왔으니까. 그렇게 수소문해도 봤다는 사람도 없잖아요. 그것만으로도 도리는 충분해요.”

역시 어렴풋이나마 내 짐작대로였다. 그때였다. 지갑에서 모서리가 구겨진 사진 한 장을 꺼내더니

"야 참 예쁘잖네. 예뻐야."

내 눈에는 당시 과년한 시골 처녀의 평범한 사진일 뿐인데 근동에서는 제일 예뻤다고 자랑한다. 월남 몇 개월 전에 약혼했고, 떠나오던 밤의 밀회 때는 잠시 피신 길이니 곧 돌아올 거라고 손가락을 걸고 굳게 약속했다고.

"야, 너도 이젠 사진까지 봤으니 함께 찾아야 할 책임이 있어야."

하고는 다음 주에는 거제도로 다시 가볼 거라고 말문을 열었다. 그 후로는 내가 유일한 협력자가 되면서 시시콜콜 귀찮을 지경이었다.

두 사람이 말없이 창밖을 보며 인천 가도를 달리고 있을 때였다. 그가 불쑥

"갔데."

"뭐가?"

"에미나이 말이야. 기왕 시집갔으면 잘 살다가 갈 것이디…."

하고는 말을 잇지 못했다.

실은 나도 궁금했는데 아픈 상처를 헤집는 것만 같아 차마 말을 못하고 있을 뿐이었다. 긴 한숨을 내 쉬고 오랜 세월 혼자만의 가슴앓이를 차근차근 털어놓았다. 어렵게 중국에서 처음 만난 조카 말에 의하면 부모님은 오래전에 돌아가셨고 약혼녀는 몇 해를 시집도 안 가고 있다가 어머니의 끈질긴 권유에 못 이겨 결혼했는데 첫애를 낳고 산후로 탈이나 떠났다고 하더라며

"이젠 다 끝났어야. 내겐 고향 따위는 없어."

하고는 울먹였다.

견딜 수 없는 괴로움, 터질 것만 같은 답답증, 그리움, 미움, 원망, 절망의 천 갈래 감정이 한꺼번에 솟구친 듯 어쩔 줄을 몰라 했다.

그제야 술만 찾는 심정도. 갑작스러운 로댕의 조각상이 되는 사연도. '달랑 이 목숨 하나뿐이야'라는 섬뜩한 말의 뜻도 조금은 알 것 같았다. 오매불망이라는 게 저렇게 가슴 저린 것인가. 망부의 애끓는 심정이란 것인가. 순진한 것인지 아둔한 짓인지. 어떤 말이 위로가 될까. 흐느끼는 친구의 손을 꼭 잡은 체 한참을 망설이다가

"그 정성 저 하늘까지 닿았을 거야!"

겨우 이 한마디를 한 내 눈에서도 눈물이 어렸다.

친구를 실은 비행기가 작은 점이 되어 저 하늘 끝에서 가물댈 때야 '행복은 결코 공짜가 아니다'라는 말이 갑자기 떠올랐다.

'이건 아니야. 착한 내 친구에게 너무 지나치게 가혹하지 않느냐.'

허공에 대고 소리 없이 외쳤다.

날이간 비눗방울

훈풍에 신록이 팔랑거리는 화창한 날씨이다. 임진강을 따라 넓은 자유로를 가득 메운 차량이 시원스레 달린다.

귀여운 자녀들의 응석, 해맑은 웃음, 단란함을 싣고 평화롭게 달리는 5월 한때 가정의 달이라 더 큰 의미로 다가온다. 나는 저 때 뭘 했을까. 그때는 전쟁 중이었지. 구차한 변명에 떠넘겨보지만 부끄러움과 부러운 마음이 앞선다.

높은 철조망이 있는 강 너머는 적이 도사리고 있다. 끊임없이 군비 확충에 광분하며 우리를 향해 총부리를 겨누고 있다. 이 땅은 지금도 전쟁과 평화가 공존하는 현장이며 잠시 휴전이란 허울을 쓰고 있을 뿐이다. 그 참혹한 전쟁이 다시 일어나서는 안 된다.

이제야 겨우 황폐한 땅에서 어렵게 선진국으로 발돋움하며 한류가 지구를 흔들기 시작했을 뿐이다. 밝고 씩씩하며 똘똘한 미래의 주역인 저 어린이는 전쟁을 모른다. 해맑은 웃음. 오직 마음껏 즐거움을 누리게 해야 한다. 얼마나 복 받은 세상인가.

어느새 이름만으로도 동화 마을을 연상케 하는 파주 프로방스에 도착했다. 마치 어린이 학습장에라도 온 느낌이다. 그야말로 외벽부터 이야기가 있는 벽화가 눈길을 끈다. 유럽풍의 나지막한 건물과 독특한 색감은 동화에서나 봄 직한 풍경이다. 지붕에 색 도자기 기왓장을 얹은 올망졸망한 이층 양옥에는 깜찍한 덧창까지 달려 있다. 아래층에서는 흰 모자에 예쁜 앞치마를 입은 엄마가 저녁을 짓느라 손놀림이 분주하고 위층에서는 할머니의 무릎을 베고 누운 손녀가 옛이야기에 귀를 기울인다. 옆집의 굳게 닫힌 창을 향해 '오 창문을 열어다오!'를 열창하며 인형 같은 아가씨에게 열렬한 구애라도 할 것만 같다.

돌계단을 내려서 안쪽으로 들어서자 넓은 연못에서는 큰 물레방아가 돌아가고, 금붕어 떼가 유유히 유영한다. 연못을 에워싼 나무들은 혹한을 이겨내고 따스한 햇볕에 연두색 잎을 반짝인다. 이슬을 머금은 싱그러운 새잎은 한결 풍성하고 연못에 차광막을 이룬 것 같다. 예쁜 꽃들은 제자리에서 시샘이라도 하는 듯 나름의 자태로 한껏 뽐내고 있다. 함지박 만한 하얀 함박꽃은 수줍은 듯 다소곳이 고개를 숙인 채 진한 향기를 뿜어내고 있다. 보기 드문 흰 작약꽃도 보이고 거기에다 분홍색이 예쁜 장미가 한껏 정원을 받쳐준다. 건물 사이사이의 길은 편평한 목재 보도나 돌계단이고 높지 않은 오르막길이라 어린이나 어른 할 것 없이 발길 닿는 대로 느낌 가는 대로 천천히 거닐 수 있어 그야말로 슬로시티다. 사람들은 경관 좋은 곳마다 카메라나 휴대 전화기로 자기 모습을 담느라 분주하다.

한참을 정신없이 기웃거리다 돌연 시선이 한 곳에 멈추었다. 너덧 살쯤 돼 보이는 어린이와 아빠의 비눗방울 놀이가 한참이었다. 아빠가 입을 대고 훅 불면 여러 개의 색동 물방울이 수없이 쏟아져 훨훨 날아갔다. 무슨 조화일까. 아빠의 요술이 신기한 듯 아이는 손뼉을 치며 떠나가는 물방울을 잡으려고 계속해서 쫓아다녔다. 조금만 더 가면 잡힐 것만 같아 부지런히 가보지만 다가간 만큼 달아나는 얄미운 비눗방울은 장난꾸러기인가. 물방울은 아버지의 입에서 수없이 왔다가 또 하나씩 사라진다. 이제는 쫓기도 지쳤는지 실망했는지 떠가는 물방울을 한참 동안 물끄러미 지켜만 보고 있다. 이번에는 비눗방울 요술쟁이가 어린 딸로 바뀐다. 몇 번을 되풀이하고서야 어렵게 작은 물방울 몇 개가 날아오르자 소녀는 신기한 듯 껑충껑충 뛰면서 좋아했다. 그때였다

"어마나 이걸 어째."

지금껏 옆에서 응원에 열중이던 엄마의 다급한 소리에 웬 덩치 큰 총각도 놀란 듯 흠칫 발을 떼며 뒤로 물러섰다. 아뿔싸, 비눗방울 통이 총각의 큰 발에 무참히 짓밟혀 뭉개져 버렸다. 비눗방울 놀이가 일시에 중단되었다. 놀란 아빠는 눈을 크게 뜨고 찌그러진 통을 들여다보기도 하고 흔들어도 보았다. 넋을 잃고 재미있게 지켜보던 동심도 동시에 산산 조각나고 말았다. 그 자리에서 장승처럼 선 채 내려다보며 히죽이 웃고 있는 총각을 물끄러미 쳐다보다가 찌그러진 비눗물 통을 번갈아 보는 소녀는 그가 마치 심술궂은 뿔난 도깨비만큼이나 밉게 보였을 것이다. 지켜보는 나도 퍽 안타까웠다. 이때 불쑥 앞으로 나선 여인은 총각 엄마인 듯

“이를 어째, 이를 어째, 어쩌지요?”

발만 동동 구르다 마지 못해

“이거 어디서 사지요.”

정작 일을 저지른 아들은 말 한마디 없는데도 나무라지도 않고 먼저 변상을 말하는 엄마. 즐거웠던 동심을 무참히 찢어버린 미안한 마음이 저런 것인가.

“미안해요. 우리 애가 조금은 그런 애랍니다.”

그제야 청년이 지체장애인이라는 것을 알았다. 지금껏 말없이 서 있던 비눗방울 아빠는 체념한 듯 딸을 번쩍 들어 목마에 태우고는 달래려는 듯 너울너울 춤추며 떠나갔다. 소녀의 꿈은 비눗방울처럼 사라지고 말았다. 아빠의 목마를 타고 가는 소녀는 여전히 비눗방울 놀이가 아쉬운 듯 뒤돌아보면서 멀어져 갔다. 나는 한참 동안 그 모습을 바라보고 서 있었다.

그제야 귀여운 내 손자가 곁에 있음을 의식했다.

주고받는 기쁨, 선물

오늘은 내 생일이다. 축하선물을 받는다는 것은 참으로 즐겁고 가슴 설레는 일이다. 가족의 풍성한 축하를 받고 있다. 여섯 살 귀여운 막내 손녀로부터

"할아버지 생신을 축하해요."

또렷한 축하 인사와 함께 예쁘게 포장한 작은 선물 꾸러미를 받는다.

"고마워."

의례적인 인사치레로 답례한다. 내용물은 액체 구두약이다.

이어지는 풍성한 효심선물을 듬뿍 받아 흐뭇하다. 선물이란 애정과 고마움에 정성을 담은 인사일 것이다. '나를 기억해주세요'라는 마음이기도 하고, 서로를 더욱 돈독하게 하는 촉매제이기도 하다. 특히 생일 선물을 받는 처지에서는 용돈 조의 현금 수익이 제일 흡족한 선물이 아닐까. 현물에는 중첩되거나 불요불급한 것도 있을 수 있기 때문

이다. 더러는 한 번쯤 갖고 싶은 것을 내 돈으로 사기는 그렇던 것을 받을 때의 기쁨 또한 쏠쏠하다.

그런데 얼마 전에는 지갑을 잃어버리고 그냥 다니려니 여간 불편한 게 아니었다. 전에 쓰던 것도 있을 텐데 싶어 여기저기를 뒤져서 오래된 헌 지갑을 찾아냈다. 손질만 하면 아쉬운 대로 쓸 것 같기에 먼지를 말끔하게 털어내고 닦아도 봤지만 모서리와 접히는 부분이 낡아서 하얗게 벗겨져 있어 그대로 쓰기에는 내키지 않았다.

그때 한동안 신발장 위에다 놔둔 채 잊고 지냈던 손녀의 생일 선물이 떠올랐다. 옳지 그거야. 얼른 구두약을 꺼내서 당장 허옇게 닳은 부분부터 문질러 봤더니 의외로 까맣게 반짝거리며 기대 이상으로 말끔해지는 것 아닌가. 내친김에 가방과 장갑에도 구두약을 발라보니 이것들 또 한 거의 말끔한 새것이 되었다. 즉석에서 손녀에게 선물 고맙다고 했다. 할아버지의 느닷없는 인사에 종잡을 수 없다는 듯 어리둥절했다. 시답잖게 여겼던 것이 뜻밖에 요긴한 물건으로 쓰일 줄이야. 흐뭇했다. 이젠 지갑에 돈 가득 채울 일만 남았다.

어린 손녀에서 받은 작은 선물이 이렇게 쓰일 줄이야. 이게 바로 진정한 선물이 아닐까. 받은 쪽이 효용성 있게 이용할 수 있는 것, 효험에 고마운 것, 이런 게 진정 의미 있는 선물이라고 새삼 느낀다.

선물이 지나치면 뇌물이 되는 법이다. 요즘 세간에는 뇌물로 얼룩진 참상을 지켜보면서 값비싸고 호화스러운 것만이 좋은 선물이 아닐 것으로 여긴다. 작지만 따뜻한 정성을 담아 받는 이가 두고두고 고마운 마음을 갖도록 하는 것이 정말로 기쁜 선물이 아닐는지….

한때는 일명 김영란 청탁금지법으로 천지개벽이라도 일어난 듯 시끌벅적했다. 선물을 위장한 부정한 뇌물거래를 이번에야말로 뿌리 뽑겠다며 서슬이 퍼랬다. 이제야말로 하는 기대에 모두가 긴장했다. 이전에도 공무원에게는 금품수수 금지규정이 있었고 일반인에게는 배임수증죄란 형법이 있기는 했지만 유명무실했었다. 혼탁해진 잘못된 사회를 투명하고 공정한 세상으로 바로 세우기 위한 길을 바라지 않는 사람은 없을 것이다. 우리는 일상에서 이런저런 일로 축하에 격려 또는 위로와 고마움 등 마음의 증표로 선물을 주고받는 것은 인지상정이다. 그러나 거래의 성격이나 의도에 따라 기쁘게 받는 것은 선물이고 부담을 느낀 것은 뇌물일 것이다.

이 법은 3만 원(음식) 5만 원(조의금, 선물) 10만 원(경조사비'화환 함께)의 상한액이 문제다. 어느 고급 한정식집에서는 식사 메뉴는 29,500원으로 법에 맞추려 하니 의당 음식의 질을 낮출 수밖에 없고 손님이 없어 폐업할 작정이라 하고 농축산업계도 거래가 위축됐다며 아우성친다. 모든 소비재 역시 유통 부진으로 심각한 지경이라 한다. 이 같은 침체 현상이 지속하면 사회 전반이 정체될 것은 자명하다.

대가성이 없어도 '일정 범위 이상의 금품수수는 처벌한다'에 어떤 이는 승진 축하 화분이 왔는데 그도 찜찜해서 돌려보냈다 하고. 교수가 기업체에 제자 채용을 추천하는 때도 부정 청탁에 해당한다고 한다. 흔한 캔 커피 하나 건네기도 조심스럽다고 하고. 그래서 마음만 주고받아야 한다나. 이거야말로 인간 정서마저 메마르고 경직돼 너무 삭막할 것만 같다.

소위 상류층에서는 으레 위장전입, 탈세 의혹, 병력 비리쯤은 범죄로 여기지도 않는 것 같다. 갑과 을 그리고 금수저와 흙수저로 계층

간 갈등의 골은 깊어만 가고, 사실이든 아니든 높은 분을 둘러싼 문고리 사인방의 잡음과 일명 비선 실세가 총애를 악용한 국정농단은 끝내 대통령의 탄핵으로 번져 국제적 조롱거리가 된 어처구니없는 사태를 지켜봤다. '윗물이 맑아야 아랫물이 맑다'라는 말은 자명한 진리이다.

이 법의 시행으로 일상의 친목 모임도 조심스럽다고 한다. 우리의 전래 풍습에는 애경사에 보험 성격인 품앗이가 있다. 어떤 점에서는 다소 과시하려는 성격도 띠고 남의 이목이 두려워서 이른바 체면 문화가 빚은 허례허식이 있기는 하지만 그야말로 능력대로 주고받는 일종의 예禮인데 법으로 강제해서야. 즉 고운 마음의 선물과 부정한 거래인 뇌물과는 구별해야 한다. 뇌물도 애초는 어렵거나 딱한 처지를 도우려는 선의에서 진화된 것은 아닐까 생각해 보면서 받는 것보다 주는 즐거움도 좋다. 어쨌든 선물은 좋은 것이다.

연필로 쓴 편지

달랑 한 장 남은 달력을 보면 어딘가 애틋함이 남는다. 보내는 아쉬움과 기다림에서일까. 만감이 교차한다. 적막을 깨고 부르릉거리며 달려온 집배원이 봉투 몇 통을 툭 던지고 간다. 먼저, 묵필墨筆로 큼직하게 내 이름을 쓴 사각봉투부터 뜯는다.

축군강령祝君康寧 히히히. 앙천대소仰天大笑 하하하, 천태만호千態萬好 호호호, 하늘 뜻 내 뜻이 아니 좋을 손가. 낭랑朗朗 거리며 얼쑤

하얀 한지에다 종서로 멋을 부리며 적은 손 글씨이다. 먹색 농도를 통해 기운의 변화와 손재주가 풍긴다. 평소에도 명석한 재치와 기발한 위트로 좌중을 웃기던 호방한 친구 P군으로부터 온 연하장이다. 오랜만에 받아서일까 더 반갑다. 거기에다 해학적이고 익살스러운 낭

만이 묻어나고 또한 굿판 주문도 같지만. 평소 자신은 속이 없어 조금은 모자라는 팔삭둥이라고 자처하던 개성이 담긴 글귀이다. 글씨는 그 사람을 닮았다고 하던가.

실시간으로 소통하는 시대에 사흘 걸려 도착한 정겨운 손편지. 사흘간의 시차를 둔 만남이요 대화이니 얼마나 반갑고 낭만적인가. 내 어릴 적 꽃무늬 편지지에 연필로 몇 번을 썼다가 지우기를 반복하며 예쁜 봉투에 담아 짝에게 전하려던 설렘이 되살아난다.

또 다른 연하장을 친구 B군이 보내왔다. 서명까지 인쇄체이다. 마지못해 인사치레로 쓴 것 같은 획일적인 인쇄본이다. 손편지보다 썰렁하다. 우리 모임의 회장도 지냈고 한때는 정계를 기웃거리던 친구여서 항상 바쁘기에 '마당발'로도 통한다. 요즘에는 여름은 시원한 북쪽에서 겨울에는 따뜻한 남쪽으로 철 따라 이동하며 지낸다는 팔자 좋은 친구다. 인륜지대사라는 잔치 청첩장도 서명까지 인쇄해서 보내왔다. 광고나 고지서도 아니고.

내가 초등학생 때였다. 이웃집 아주머니가 오랜만에 돈 벌려고 떠난 아들한테서 온 편지라며 호들갑이었다. 첫 줄부터 '시하맹춘지절時下孟春之節에 기체후일향만강氣體候一向萬康하옵신지 복모구구무임하성지지伏慕區區無任下誠之知로소이다'로 시작하여 '각설却說하고 불초소생不肖小生'이 어쩌고저쩌고하다가 여불비상서餘不備上書로 끝을 맺었다. 당시의 전형적인 서한문書翰文이다. 글을 읽은 지식인이 아니면 쓸 수도 없고 읽을 수도 없다. 하물며 어린 내 실력으로야 옥편. 사전을 동원했다. 그분의 아들은 학교도 못 다녔다. 필시 대필임이 분명하다. 거기에다 주소는 죄지은 사람들이 지낸다는 경성 서대문 100번지였다.

그의 어머니가 내용이 잔뜩 궁금하여 귀를 기울이며 해답을 기다렸다. 오랜만에 아들에게서 소식이 온 것만으로도 자랑이라도 하고 싶었을 게다.

"어디 있다지?"

"경성이요."

"좋은 데서 잘살고 있구먼."

차마 서대문 100번지는 어물쩍 넘어갈 수밖에. 그땐 이런 틀에 박힌 서한문이어야 유식하다는 소리를 들었다. 지금도 여전히 외래어를 섞어야 신지식인이고 유식 층이라고 하니까.

또 다른 편지는 군대에 간 아들한테서 온 소식이었다.

"엄니 바쁘시지유. 나는 잘 있구만유. 그리고 진급도 했어유. 잘하면 다음번에 휴가도 갈 것 같은데 그때 가서 많이 도와드릴께유."

겨우 한글만 깨우친 듯 서툰 글씨지만 또박또박 눌러 쓴 아들의 편지는 하고 싶은 사연이 쉽게 적혀 있어 더 정겹다. 거기에다 늠름한 사진까지 들어있어 감격의 눈물까지 찔끔거리는 어머니. 그 군사우편을 읽어주던 나도 감격했다.

그 외에도 살며시 정을 전하는 간편한 쪽지도 있다. 그중에는 엄마의 애정을 전하려는 도시락 쪽지도 있고, 사무적인 메시지도 있다. 최근에는 진통 속에서 치른 여야 예산심의 과정에서 흥정하는 쪽지의 효능을 빗대서 쪽지 예산이란 신조어도 생겼다.

우연히 엿본 한 젊은이의 별난 연애 쪽지. 사각으로 곱게 접혀 있어 또 다른 느낌이었다.

그대에게 감사
광대한 우주에서 지구에 와 준 그대에게 감사
수많은 나라에서 한국에 와 준 그대에게 감사
영겁의 시간에서 현재에 와 준 그대에게 감사
절반의 남자에서 나에게 와 준 그대에게 감사
험한 세상에서 무사히 와 준 그대에게 감사
위의 모든 것을 건너와 준 그대에게 감사
짧지 않은 글을 읽어 줄 그대에게 감사
너무 많아서 다 쓰지 못해 그대에게 미안

이 이벤트성 쪽지를 받은 그녀는 과연 얼마나 감사했을까. '사랑한다'라는 말 한번 제대로 못 해 본 내 생각은 그 많은 사랑을 단번에 다 퍼주면 그다음은 뭘 퍼준다지. 부질없는 내 노파심인가.

우리는 오래전부터 글씨 연습을 수양 도구로 삼아왔다. 손편지는 번거롭지만 수양의 한 방편이다. 즉흥적이고 형식에 치우친 싸늘한 기계 문자보다는 손편지는 시공간의 번거로움이 있어 조금 불편하다. 그렇지만 정성과 진정성이 깃든 손편지를 받으면 더 정겹고 다정하며 반갑기 그지없다. 손편지가 사라지면서 인정도 메말라가는 것 같아 아쉬울 따름이다.

유랑극단 시절

정기 검진 날이라 서둘러 병원으로 갔지만 벌써 대기석은 환자와 보호자로 붐볐다. 내 진료 차례가 오기까지는 시간이 조금 남아있었다. 한참을 두리번거리다 빈자리를 찾아 앉으며 옆자리를 살폈다.

손녀인 듯 캐주얼 차림의 소녀 곁에 깔끔한 옷차림을 한 할머니. 퍽 낯익은 얼굴이었다. 어디서 봤을까. 까마득한 기억까지를 이리저리 더듬다가 '그래, 그때 그' 하고는 다가가.

"저 혹시 거기서…."

하고 조심스럽게 말을 건넸다. 할머니는 깜짝 놀라 몸을 움츠리며 손녀 쪽으로 피했다. 그리고는 눈을 크게 뜨고 내 아래위를 살폈다. 의외로 경계하는 반응에 나도 당황하여

"아! 저 저…. 거기서요. 같이 있었잖아요."

하며 답답한 듯 토막말로 더듬거렸다.

한참을 뻔히 쳐다본 후에야 알아차린 듯

"맞아! 그때 그 학생. 티는 여전하네."

그제야 알아차린 듯 내 손을 잡아당기며 반겼다. 피차 너무 희미한 기억이라 그럴 수밖에 없었을 거다. 어쩌면 저렇게 많이 변해버린 몰골을 알아봤다는 것만도 용한 일이며 이런 곳에서 만났다는 것도 이외다.

한때 우리 사이에는 애틋한 사연도 있었다. 그녀는 아직도 젊었을 때의 고운 티가 남아있었다. 그래도 어쩔 수 없는 주름과 백발은 세월의 굽이를 헤아리게 했다. 어느새 손녀는 따끈한 차를 뽑아와 내게도 권하고는 다른 곳으로 옮겨 핸드폰 삼매경에 빠졌다.

내가 갓 중학생 때 해방을 맞았다. 정국은 미 군정과 함께 온 민주주의란 새 사조思潮는 무턱대고 '내 자유'란 유행어가 범람했다. 동시에 미주 쪽에서 온 분은 박사. 중국 쪽이면 장군이란 호칭을 붙여 주었다. 많은 정당政黨, 전시 수탈로 굶주렸던 민심의 산물인 식당食堂, 무법천지로 설쳐대는 불한당不汗黨의 3당이 우후죽순처럼 생겨나 혼란했던 시절이었다.

학원가에도 자치회가 조직되었고 첫 사업으로 학원의 정화를 외쳤다. '친일 악질교원 배척親日 惡質敎員 排斥'을 내건 동맹휴학을 시발로 '시험은 학습의 연장이 아니다'라는 백지동맹, 조금은 엉뚱한 국대안 반대國大案 反對까지 터져 나왔다. 급기야는 신탁통치信託統治냐 반탁이냐 하는 좌우익으로 민심이 갈라졌다. 정학, 퇴학에 감금까지 이르자 무기한 휴교를 선언한 선동 학생 측은 등굣길을 가로막는 험악한 사태로 대항했다. 그때 나는 한 학생모임에서 계몽 조의 소인극素人劇에 참여했다. 그런 연유로 지방에서 새로 창립한 극단 백학白鶴에서 아역兒役으로 픽업 돼 유랑하는 패거리의 일원이 되었다.

출연하는 배역에 따라 분장도 대본도 바뀌었다. 조금 전의 〈사랑에 속고 돈에 울고〉에서 아들 역을 맡았던 나는 막간 희극 〈장한몽長恨夢〉에서는 사각모자에 까만 망토를 걸친 꼬마 대학생 이수일이 되었다. 상대역은 방금 어머니역을 맡았던 그녀가 이번에는 흰 저고리에 까만 통치마 차림의 심순애가 되었다. 무대는 눈물 콧물을 짜내는 절절한 장면인데도 관중석에서는 깜찍한 연기에 요절 복통하며 우레와 같은 박수 한판이었다. 하긴 웃기려고 일부러 기획된 희극喜劇이었으니까.

젊고 요염한 미모에다 세련되고 천부적인 가창력으로 간드러지게 넘어가는 비음 섞인 <노들강변>은 가는 곳마다 제청 삼청을 받으며 인기가 대단했다. 한동안은 그녀에게 홀딱 반한 청년들이 많았다. 요즘 말로 팬이라고 할까, 일방적이었으니까 스토커라고나 할까. 한참을 따라다닌 적도 있었고 가는 곳마다 실없는 유혹도 많았다.

지금껏 내 손을 꼭 잡은 채 초점 흐린 눈으로 한참을 골똘히 앉아 있었다. 그녀의 노랫말처럼 '무정세월 한허리를 칭칭 동여서 매여나 볼까'라며 화려했던 젊은 시절을 헤매고 있지는 않은지. 나는 곁에서 조용히 지켜보고 있었다. 드디어 뭔가를 알아낸 듯 바짝 다가와서

"그때 발짓은 진짜였지. 너무 아팠어."

귀엣말을 하고는 다그치듯 내 손을 잡아당겼다. 나는 웃으며 손사래를 쳤다. 어느새 저토록 마마노인 몰골일까 측은지심마저 들었다.

그녀는 언제나 나를 친동생인 양 먹을 것에서 세탁물까지 알아서 챙겨주었다. 연락을 빙자해 나만은 여자 분장실도 예사로 출입했다.

때로는 속옷 차림에도 당황하지 않고 서로 태연했다. 간혹 감쪽같이 남장으로 변장하고 몰래 밤 나들이를 할 때도 동행했다. 우리는 무대에서도 일상에서도 함께하는 별난 사이였다.

이렇게 세월을 잊은 채 유랑을 즐기는데 개학이 되었다. 언제까지 놀 거냐는 어른들의 호통에 영영 막을 내리고 말았다. 돌아보면 극심하게 좌우로 갈라진 이념의 갈등으로 수업도 제대로 못 받았고 신생국가의 동량이 될 인재들도 많이 잃었다. 걸핏하면 '내 자유'라는 유행어가 아무렇지도 않게 마구 쓰이던 혼란기에 나도 덩달아 자유를 즐기며 잠시 궤도를 이탈했었나 보다.

방금 전광판에 그녀의 번호가 켜졌다. 내 손등을 다독거리며 천천히 일어서면서

"나는 어쩌면 다시 입원하게 될지도 몰라. 아무튼 건강해."

라며 말끝을 흐렸다. 손녀의 부축을 받으며 진료실로 향하다가 다시 뒤돌아보며 목례를 보내왔다,

꿈 많던 소녀과 꽃다운 여인 간의 애틋한 사연. 연극 속의 연인은 노환으로 초췌한 모습을 하고 있었다. 그녀와 재회한 촌극은 희극일까 비극일까. 그녀의 쾌유를 진심으로 빌어볼 뿐이다.

소년과 팥죽

오랜만에 '작은아부지'란 호칭을 들었다. 이 말은 J군이 나를 부르는 별칭이다. 전화기에 대고 대뜸

"이번에 집에 들렀더니 작은아부지 소식도 없이 왔느냐며 어른들에게 꾸중을 들었어요."

하고 푸념부터 늘어놓는다. 그러면서 제 아빠의 특별한 당부도 있고 해서 오는 동짓날 특식을 대접하겠다며 너스레를 떨었다.

J군의 아빠는 북한에서 단신 월남했다. 나와는 동기생이지만 나이가 네 살 위이고 초임을 같은 부대에서 근무했다. 공교롭게도 첫 보직으로 나는 작업지시를 내리는 운영과 보좌관이었고 그 친구는 지시를 받는 예하 부대의 소대장이었다. 그리고 친구는 이미 결혼하여 영외 거주하고 있었고 나는 간부숙소(BOQ)에서 지냈다.

어느 날 점심때 친구가 세 들어 사는 집주인으로부터 다급한 전화

가 왔다. 새댁이 산고인 듯 진통이 심하니 남편이 빨리 와봐야겠다는 기별이었다. 마침 친구는 아침 일찍부터 긴급한 작업이 있어 멀리 현장에 나가 있었다. 일단은 본인에게 알려야겠기에 사실대로 전했더니 작업 진척 상 당장은 현장을 비우기 어렵다며 나더러 잘 부탁한다고 했다. 나도 그럴 수밖에 없을 것 같았다.

먼저 의무실과 상의하여 엠블런스에 태워 병원까지 따라가 입원 수속을 끝냈다. 이것으로 끝인 줄 알고 막 돌아서려는데 보호자는 기다려야 한다는 병원 측의 통고에 별수 없이 남아있었다. 내가 대기한다고 해도 별로 도움이 될 것 같지 않았다.

초조한 시간이 얼마나 지났을까. 산모의 비명이 복도까지 들렸다. 덩달아 나도 안절부절. 한참 후에 간호사가 내게로 다가와

"축하합니다. 옥동자입니다."

득남 축하의 말을 듣고 졸지에 멀쩡한 총각이 애 아빠가 되고 말았다. 한참 후에야 허겁지겁 달려온 친구가 내 등을 툭 치고는 안으로 들어갔다.

이렇게 해서 J군에게는 내가 태어날 때부터 아빠였으며 부자의 인연을 이어오고 있나. 서로 전후방을 오가는 세월이 흘러 우리는 다시 가까운 데서 근무하게 되었다. 그래서 공사간 자주 만났다.

어느 날 갓 학교에 들어간 J군이 내 사무실로 찾아왔다. 일과 시간에 그것도 어린애가 왔으니 조금은 당황했다. 얼른 밖으로 데리고 나와 그 시절에 유행했던 단팥죽을 시켜 주었더니 어느새 바닥 긁은 소리가 요란했다. 처음 먹어보는 것 같았다.

"그렇게 맛있어?"

"네!"

"그럼. 내 말 잘 들으면 또 사주지."

하고 얼렀다. 어느새 많이 자란 녀석이 똘똘하고 귀엽기만 했다. 이때부터 슬그머니 내 장난기가 살아났다. 녀석을 무릎 위에 앉혀놓고 천천히 말했다.

"네가 태어날 때 내가 아빠 노릇을 하느라 무척 고생했단다."

하며 있었던 이야기를 덧붙였다.

"그런 분을 '큰아부지'라 부르는 거야. 너의 아빠보다 더 많이 애썼으니까. 이제부터는 그렇게 불러야 해. 어디 한번 큰 소리로 불러봐."

하자 쉽게 따라 했다. 손가락을 걸고 명세까지 했다.

그해 송년회 모임에서였다. J군을 다시 만났을 때는 나비넥타이까지 하고 제법 의젓하게 통로에서 얼쩡거리는 모습을 보자 불현듯 내 장난기가 발동했다. 이번에는 지금껏 내 나름으로 공들여온 결과를 공개적으로 시험해 보고 싶은 호기심이 일었다. 아이의 손을 덥석 잡고 와서

"내가 누구지?"

하고 다그쳤다. 녀석은 태연하게 삼촌이라고 말했다.

"아니라고 말했잖아. 그때 나하고 손가락을 걸고 약속까지 하고서 어떻게 그래. 다시 한번 불러봐."

쉽게 입을 열지 않으려는 태세다. 필시 그간에 제 부모의 공작이 있었으리라는 짐작이 갔다.

"너의 아빠가 잘 모른 거야."

하며 집요하게 유도했다. 옆 사람과 잠시 대화를 하는 사이 녀석이 제

부모에게로 쏜살같이 달아났다. 그리고는 이쪽을 가리키기도 하면서 한참을 숙덕거렸다. 얼마 후 친구가 애까지 데리고 와서는

"어린애지만 자네의 집요한 세뇌 공작은 사리에 안 맞나 보지. 그래서 이번에 삼촌에서 작은아부지로 크게 인심 쓰지 어때."

"그거야 그쪽의 일방적인 사정이지."

그간 나대로 꾸준히 공작한 성과를 볼 심산이었다. 그래도 한동안 내가 다그칠 때는 큰아부지로 부르다가 차츰 커 가면서 어느 때부터 작은아부지라 불렀다. 어려서 제 부모를 따라 이민 가서 자랐기에 미국시민권도 가졌고 현재 굴지의 기업 중견 사원이 되었다.

나는 팥죽을 좋아한다. 팥죽은 뜨거울 때보다 식었을 때 시원한 물김치를 곁들여 먹어야 더 맛이 난다. 우리 집에서는 동짓날이면 낮이 길어지는 새해가 시작된다고 하여 중요한 명절로 친다. 팥죽을 함지박 가득 쒀서 액을 쫓는다며 집 사방에다 뿌리기도 하고 온 가족이 한자리에 모여 팥죽 잔치도 열었다.

그 맛을 못 잊어 몇 해 전까지도 동짓날이면 귀를 덮은 방한모에 두툼한 방한복 차림으로 동대문 광장시장을 찾아가 긴 나무 의자에 앉았다. 따끈한 동지팥죽 한 사발을 뚝딱하고 나면 온몸이 훈훈했다. 수더분한 아줌마가 팥죽을 대접이 넘치도록 퍼주는 정감에서 바싹 다가선 세밑의 온정을 느끼곤 했다.

밖에서는 녀석이 연신 초인종을 눌러댔다. 예감했던 대로 내 장난기는 아직도 진행형이었다.

"누구세요."

"작은아부지 저여요. 안 나오셔서 걱정돼 찾아왔잖아요."

약간 짜증스러운 말투다.

"잘못 찾아온 것 같습니다. 여긴 큰아부지 댁인데요."

"네. 작은 소리로 해서 못 들으셨나 봐요. 보청기라도 끼셔야겠네요."

그때야 누그러진 듯 낭랑한 음성으로 피장파장의 응수를 했다.

J군도 이젠 장성해 듬직한 가장이 되었는데도 내겐 아직도 알짱거리는 귀여운 어린이일 뿐이다. 어떤 때는 녀석이 친아들 같다는 생각이 들곤 한다. 자식들을 보면서 기다리는 시간은 더디어도 무심코 흐르는 세월은 무척 빠르다는 것을 실감한다.

제3부

고래와 한판 승부

"고래야, 나와 한판 겨루자."

하며 한겨울인 크리스마스이브에 태평양에서 기세 좋게 외쳤다. 그리고 바다로 풍덩 뛰어들어 단숨에 경계선 부표까지 헤엄쳤다. 한판 겨루고 싶었던 상대는 그림자도 안 보이고 잔챙이 열대어만 달아나기 바빴다. 오리발을 끼었더니 속도감이 있어 더욱 상쾌했다. 겨우 50미터 라인의 실내수영장과는 완연히 달랐다.

수영을 익히면서 언젠가는 해 보려던 그 다짐이 이렇게 쉬 올 줄이야. 드디어 해냈다는 성취감과 보람에 가슴이 뿌듯했다. 그래도 마음 한구석에서는 지나친 자만에 찬 행동은 무모하고 당돌한 과대망상인 것 같기도 해 주춤거렸다.

하이난海南島에서 하마터면 염라대왕을 알현할 뻔한 위험을 겪은 적도 있고, 그간 끔찍한 사고도 목격했다. 오리발을 세우며 돌아보니 저 멀리 백사장에서는 아내가 발을 구르며 빨리 나오라고 연신 손짓하고 있었다.

퇴직하고 생활 리듬이 깨지면서 갈팡질팡하던 참에 딸애가 우리 부부 결혼 날에 맞춰 잠시 바람이나 쐬다 오라고 했다. 퇴임 교장팀과 묶어 주선한 해외 첫 나들이였다.

일제 강점기를 살아온 우리 민족의 애환 사, 〈여명의 눈동자〉를 방영하는 시간대는 거리가 한산할 정도로 유명했던 드라마. 명작의 배경이라 한 번쯤은 가보고 싶었던 사이판이다. 다행히도 원로 토착민과는 일본어로 대화할 수 있어 당시의 실상을 자상하게 들을 수 있었다. 태평양전쟁이 막바지에 이른 1943년 미군이 사이판 총공격을 시도했다. 수세에 몰린 일본군은 재도일민在島日民을 포함 전원이 최초로 옥쇄玉碎를 감행하면서 천황 만세를 외쳤다는 '만세 절벽' 아래는 시퍼런 파도만 넘실거렸다. 격전지에는 커다란 대포 잔해가 남아있어 당시의 잔혹사를 말해주고 있었다.

여명의 눈동자는 드라마 최초로 전쟁에 지친 군인의 욕정을 채워주는 소위 위안부 수난사를 다루어 화제가 되기도 했다. 베이징대 재학 중 잠시 귀가했다가 학도병으로 끌려갔던 대치의 아이를 밴 위안부 여옥과 철조망 사이에서 애절한 이별의 키스를 나누는 찡한 모습, 뱀을 잡아먹는 처절한 광경, 잔인한 마루타 생체실험 등 일본군의 가슴 아픈 만행의 충격적인 내용은 시청률 50퍼센트가 넘는 기록을 세웠다. 최근에는 일급 배우들과 창작진이 더욱 화려한 창작 뮤지컬을 무대에 올려 박수를 받았다.

작은 섬이기에 시간에 쫓긴 묶음 관광과 달리 일정도 여유로웠다.

섬 일주, 헬리콥터 투어와 정글 투어, 이어서 마나가하섬 외는 자유시간이라 각자 내키는 대로 즐길 수 있어 좋았다. 호화 디너쇼는 환상적이었다. 특히 선상 디너쇼 때 서슴없이 단상에 올라간 우리 부부가 리듬을 타며 돌 때는 탄성과 응원의 요란한 박수가 터져 나왔다.

사이판의 진주라는 마나가하섬. 유난히 짙은 쪽빛 바다는 하늘과 맞닿아 있는 망망대해로 하얀 물보라가 아름다웠다. 침몰한 전함의 잔해는 형형색색의 열대어 서식지였다. 야자수 그늘에 펼친 선 매트에서 젊은 커플들이 유유자적하고 넓은 은모래 백사장에는 '사랑한다'라는 커다란 낙서가 쓰여 있었다. 이국적인 정취를 풍기는 맑고 깨끗한 상하常夏의 섬은 관광보다 먹고 즐기는 휴양지였다. 놀이도 눈 틀린. 파라슈트, 바나나보트, 별빛 투어 등 다양했다. 우리 부부는 서슴지 않고 구명조끼와 오리발을 챙겼다.

지금이야 위기 상황에 대처하기 위한 생존술도 배우고 모험에 필요한 수영 교육과목도 있다. 시설 기준에 맞는 수영장에서 수영복, 수영모에 수경, 귀마개까지 갖추고 숙련된 강사의 지도하에 수영을 익혔다. 80년대까지만 해도 수영은 일종의 귀족 운동이라며 주위의 부러움을 사기도 했다. 우리는 어릴 적 개천에서 송사리 떼와 함께 물놀이하면서 수영을 익혔고 후유증으로 눈병에 귀앓이도 잦았었다.

내가 상무대 재직 시는 그해부터 여수 만성리 해수욕장에 하계 휴양소가 설치되면서 여름 동안 통제관으로 나가 바다의 맛을 알았다. 그 후 여름휴가는 휴양이란 명목으로 바다를 즐겨 찾았다. 동부(속초) 근무 때는 소위 김일성 별장이라는 최북단 화진포, 망상, 경포대에서 보냈다. 해돋이와 달맞이는 덤이었다. 동해 쪽은 수심이 깊고 파도가

셌다. 그에 비해 부산지역은 시설도 좋고 먹거리도 풍성했다. 상무대 근무 때는 여수 만성리, 보성 율포, 영광 가마미 등의 해수욕장을 자주 찾았다. 남해는 수심이 완만해서 안전하고 먹거리는 주로 새조개, 주꾸미, 물회, 회덮밥, 토종 닭볶음탕 등이었다.

대전에서 근무할 때는 서해 몽산포에서 맛조개 잡기와 갯벌 체험을 했다. 서울에 정착하면서 우리 가족은 인천 송도 해수욕장을 처음 찾았다. 인천 상륙작전의 전진기지인 옹진 덕적도 소포리 해변의 넓은 백사장과 주변 해송림의 풍광이 절경이었다. 고요한 밤 파도 소리는 지금도 잊지 못한다.

이렇게 해수욕장을 두루 누빈지 이십여 년 후에는 서울에서 실내수영장을 찾아다녔다. 그간 수영장에서 보고 겪은 에피소드도 많다. 개강 첫날 남녀 모두가 준비체조 중인데 저편에서 홀딱 벗은 남자가 급히 달려 나오는 것을 발견한 강사가 뛰어가

"왜 이러십니까. 왜 그래요."

하고 양팔을 벌리며 가로막는 강사에게

"왜 그래요. 나 수영하러 왔어요."

하는 나체와의 승강이 생쇼 한판에 일동이 웃음보를 터트렸다. 나중에야 상항을 알아차린 그가 당황해 되돌아갔다. 그때부터 그분의 음호陰號가 나선생裸先生이 되었다.

또 남자 샤워실에 웬 여자가 깊숙이 들어왔다가 질겁을 하고 나가자, 남자가 맨몸으로 뒤따르며

"그 좋은 구경을 했으면 관람료를 내야지요."

하며 짓궂게 외쳤다. 평영 시에 여자 회원 뒤만 쫓아가는 야릇한 취미

의 남자 회원이었다. 실력에 체력이 달려서 수영 속도는 느린 거북이인데도 기존 고참 회원이란 자존심만으로 한사코 앞서가려는 고집불통의 할배도 있었다. 심지어 전용 샤워기를 정해놓고 남들은 쓰지 못하게 하는 꼴불견도 있었다. 그 외도 텃세와 행패도 많았다. 사람들이 모인 곳에는 어디든 악성 종양이 있게 마련이다.

발리호텔 풀장에서는 이른 아침이라 아무도 없었다. 전세라도 낸 양 우리 부부의 수영 광경을 지켜보던 관광객이 '원더풀'을 외치며 박수를 보내온 적도 있었다.

이렇게 즐기던 수영도 물이 차갑게 느껴지면서 차츰 멀어지게 되었다. 그리고 어느새 추억으로만 남았다. 세상은 나와는 상관없이 쉬지 않고 돌아가고 있다. 방금 온 카톡에는 증손자 물놀이 사진이 찍혀 있다. 거기에다 '할아버지 유전인가'라고 씌어 있다.

애주가 수난시대

나는 술을 싫어하지는 않는다. 그렇다고 술꾼은 아니다. 오늘도 막 일어서려고 채비를 하는데 '대보름입니다'라는 퀴즈 같은 회람이 왔다. 그때까지도 귀밝이술 모임이라는 걸 알아차리지 못했다.

내가 술을 좋아하는 것도 내림일까. 아니 어쩌면 민족적 내림일지도 모른다. 우리 겨레는 예부터 집집이 술을 직접 빚어 애경사나 접대 모임이 있을 때마다 가양주家釀酒라는 문화로 발전해 왔다. 조선 후기에는 이름난 전통주만도 600여 가지나 되었다니 이런저런 핑계로 취기에 젖어 산 셈이다.

선친은 정초면 연중행사처럼 세 딸네 집을 두루 다녀오셨다. 딸 소식을 잔뜩 궁금해하는 어머니에게 들려주는 첫머리부터 사돈댁의 접대 타박으로 빗나갔다.

"선 서방네(둘째 딸)는 땅만 많으면 뭐 해. 촌놈이어서인지 인사를 몰라요. 감투밥이 먼저니 원…"

하시고는 이어

"김 서방네(셋째 딸)는 그래도 도회지에 살아서인지 역시 달라. 암 그래야지. 손님이 가면 주안상이 먼저지."

잔뜩 기다리다 지친 어머니는

"그놈의 주안상 타령 그만하시고 딸 소식이나 들어봅시다."

평시에도 허약한 큰딸은 일이 많은 농가의 까탈스러운 층층시하 대가에서 혹독한 시집살이를 하지는 않는지. 또 셋째는 부족한 살림에 고달프지 않은지, 늘 딸들의 노심초사에 손주들 소식, 실패만 거듭하는 사위의 사업 등 두루 궁금했던 것 같다.

근동의 초상 마당에서 명정銘旌은 으레 선친의 차지였다. 그런데 일필휘지一筆揮之에 앞서 얼큰해야 붓이 매끄럽다는 사유가 따랐다.

평시에도

"술과 밥은 내가 사는 게 더 맛있다."

며 취하면 지나가는 까마귀까지 불러 판을 더 크게 벌이셨다. 거기에다 잔소리로 술을 깨는 버릇이 있어 어머니가 못마땅해하셨다. 나 역시 어릴 적부터 선친의 취중 행동을 봐온 터라 주사로 평시의 위엄이 깎이는 것 같아 지금껏 교과서적인 주계酒戒로 삼아왔다.

촌각을 다투는 속도전 세태여서일까. 지금의 음주 문화는 '원샷'이 아니면 '폭탄주'로 마치 쫓기듯 서두르고 성급한 재촉을 하는 듯하다. 이래서야 과연 술맛을 제대로 느낄 수 있을까. 그뿐만 아니라 적정량을 초과한 폭음은 실수를 유발한다. 나도 한때는 호기심에 스탠드바를 찾기도 했다. 별난 의자에 앉아 바텐더의 현란한 칵테일 묘기를 즐기며 독한 양주를 겁 없이 거푸 스트레이트로 마시다 정신을 잃은 적도 있다.

술은 심신을 마비시키는 폭주보다 마음을 따뜻하게 달래주는 약주가 되어야 한다. 까탈이 있는 술자리는 불상사를 일으키게 마련이다. 취기를 빌린 과격한 짜증이나 화풀이의 주범은 과음이다. 몸을 가누지 못할 정도로 취했을 때는 술이 수면제가 되어 잠드는 술버릇을 어찌할까.

음주 자세 또한 중요한 덕목으로 여긴다. 어떤 이는, 취해서 우는 자는 인仁이 없고, 화내는 자는 의義가 없으며, 따지는 자는 지智가 없다고 고상하게 논한다. 우리네 범인이야 어찌 그런 격식까지 따지겠는가. 기분 좋은 취기에 즐기면 그뿐, 오직 내게 알맞은 적당량의 음주만이 행복일 게다. 탈선의 주범은 바로 과음이니까.

술맛에는 또 잔도 뺄 수 없다. 막걸리는 투박한 사발이 제격이고 소주는 작고 투명한 유리잔이 좋다. 맥주는 유리 머그잔에, 양주는 글라스가 제격이다. 그 밖에도 뿔잔도 있고 과유불급過猶不及을 경계하는 선조들의 지혜가 담긴 계영배戒盈杯 등 다양하다. 음주의 멋도 가지가지다.

교과서에까지 실릴 만큼 해학적 풍자로 엮은 〈국선생전麴先生傳〉도 이젠 옛말이다. 애주가들이 수난 시대를 맞은 것 같다.

"오래 살려면 금주하라."

는 의사의 권고에다 딱 한 잔만 마셔도 운전 시에는 사회적 중범죄 취급을 받는다. 그런 술을 왜 마시냐고. 그래도 마음을 데우는 것은 오직 술뿐인 걸.

나의 첫 주사 때가 생각난다. 산적한 업무처리에 골몰하고 있는데 그날따라 억울한 질책까지 받았다. 초임자이기에 고스란히 받아들이자니 부글부글 끓는 감정은 사표도 불사할 만큼 격해졌다. 씩씩거리며 퇴근 채비를 하여 서둘러 회사를 나섰다.

혼자 골똘히 걷는데 언제부터 따라왔는지 동기가 내 팔을 당기며 포장마차로 끌고 갔다. 원통 위의 양은 냄비에서는 훈감한 냄새를 풍기며 김이 모락모락 피어오르고 있었다. 이른 시각이어서인지 가게는 한산했다. 앉자마자 술을 먼저 따라 주는 대로 마치 화풀이라도 하듯 거푸 마셔댔다.

다음날까지 내 입에서는 문배 냄새가 심하게 풍기고 애꿎은 친구에게 화풀이했던 토막 기억만 어른거렸다. 친구 말로는 가관이었다고 한다.

그 이후부터 이런저런 핑계로 술을 대하기 시작했고 주량도 늘어갔다. 술자리는 주변의 영향도 작용한다. 요즘 말로 혼술 보다는 대작이 적적하지 않아서 좋다. 그리고 독주보다는 약한 막걸리나 소주를 선호하는 편이다. 안주는 기름기 있는 육류나 맵고 짠 것보다는 칼칼하고 따끈한 국물 안주를 더 좋아한다. 과음에서 오는 탈수증이나 알코올 대사를 돕는 데는 물이어야 하기 때문이다. 독한 증류주 문화권에서 얼음이나 물을 섞는 언더그라운드 럭스를 선호하는 것도 그 때문이리라.

나는 선술집이 물심양면으로도 부담 없어 자주 찾는다. 출입도 쉽고 자리도 자유로워 편하다. 더구나 나의 오랜 애환도 여기에 스며 있다. 이름난 레스토랑과 비교할 수는 없지만 풍성한 양과 영양의 가격

대비, 친절은 어디에도 없을 것이다.

멋들어진 풍류에다 독특한 전통주의 맛이 어우러진 술자리, 거기에다 뒤풀이 해장국이야말로 보양에 손색없는 적합한 궁합이 아닐까. 그래서 또 한 잔.

돌아온 나그네

도망치듯 등졌던 고향을 오랜만에 찾아갔다. 이는 제 둥지를 그리는 동물의 귀소본능일 거다. 동네를 굽어보는 고갯마루에 이르자 넓고 푸른 들녘에서 불어오는 고향 내음은 여전했다.

옛적부터 오직 천기의 순리대로 절기가 농익기를 기다리며 살아가는 작은 농촌. 해마다 연례행사처럼 겪는 보릿고개 때면 저 들판이 내주는 푸성귀에 의지했고 십시일반의 온 동네 인심도 한몫했다.

5일 장날이면 모처럼 얼큰하게 취한 순이 아버지 지게에 달랑 매달린 동태 한 마리가 함께 비틀거리며 넘어오고, 이어 밀짚모자에 백구두 차림의 영두 아버지. 지팡이를 어깨에 메고 흰 두루마기 자락 휘날리며 혀 꼬부라지게 취해 비틀대는 자태를 노을이 붉게 치장했다.

명절이면 새 옷에 새 신 신고 나와 흥겨운 풍물놀이에 온 동네가 신명 났던 마당 거리. 지금은 명절 때나 찾아오는 외지 자식들의 주차장으로 변했다. 맑고 깊은 유일한 동네 샘에는 두레박도, 빨래하던 누나의 자취도 사라졌다. 다만 분홍으로 단장한 배롱나무만 여전히 그 자리에서 한들거리며 반긴다. 집들은 개량돼 말끔해졌고 2층 양옥도 섞여 있다. 더러는 접시 꽃대가 주인 노릇을 하는 집도 있다. 인적도 없는 널찍한 고샅길은 매미 소리만 요란할 뿐, 낯선 자가 한참을 서성인데도 개도 안 짖는다.

옛 우리 집은 옆집과 합친 듯 넓은 터전에는 안채와 사랑채가 한옥으로 새로 단장했다. 어느 성공한 분의 귀향인 듯. 쉽게 승낙을 받아 집안을 두루 살필 수 있었다. 다행하게도 본체만은 구조나 형태가 옛 우리 집과 똑같아서 흔적을 더듬게 했다. 바지랑대를 세운 마당 빨랫줄에서는 고운 옷들이 살랑거리며 일광욕이 한창이고, 화단에서는 이름 모를 외래종 화초도 어우러져 있다. 마당에는 볼품없는 끝물 고추를 말리고 있다. 문득 도시에 사는 딸이 왔다 갈 때 며느리 몰래 퍼주려다 고부간에 가벼운 갈등도 있었다는 이야기가 떠오른다.

여전히 정남향이라 햇빛은 마루까지 비치고 만卍 자 문양 창 대신 격자문 창호지에는 국화잎을 넣어 한결 창연함이 풍긴다. 어른 방인 듯 고풍스러운 농과 단아한 수묵화 가리개에서는 안정된 생활과 취향의 수준을 엿볼 수 있다. 철이 지나면 저렇게 접어 등자쇠에 얹어 놓은 덧문의 문풍지, 매서운 겨울바람에 울어댈 때면

"울어라. 문풍지야. 너나 실컷 울어라. 너마저 안 운다면…."

하고 흥얼거리며 수를 놓던 큰누나의 콧노래가 들려 올 것만 같다.

꺼멓게 타버린 온돌방 아랫목, 추운 겨울이면 한 이불속에서 온 가족이 발을 넣고 묵이나 고구마를 먹으면서 오손도손 이야기를 나누던

겨울밤이 떠오른다. 핵가족화에 그치지 않고 핵분열하듯 뿔뿔이 제 방으로 흩어진 지금의 IT 세대는 우리만의 온돌방 아랫목의 정감을 알 리가 없다.

누나가 질펀히 앉아 불을 지피던 아궁이와 부지깽이는 간데없고 가스레인지가 반짝인다. 외양간에는 한가로이 여물을 되새김질하던 누렁이 대신 검은 트랙터가 쉬고 있다. 고양이 손도 빌린다는 추수철에도 땡볕에 먼지만 뒤집어쓰고 할 일도 없어졌다. 콤바인이 처리하고 가마니 채 미곡상으로 직행하니까. 채소도 밭떼기로 넘긴다. 골목길이 넓어진 사연도 알았다.

뒤꼍을 기웃거린다. 막내둥이 나의 입학 기념으로 심었다는 감나무는 용케 살아남아 터줏대감 행세라도 하는 듯 뒤꼍을 온통 차지하고 까치밥 몇 개가 달랑거린다. 특이한 우리의 전래이고 정서인 까치밥 유래가 새롭게 떠오른다. 여전히 키순으로 배열된 반짝이던 장독대에는 고추를 단 금줄도, 버선본도 안 보이고 할머니 어머니가 대를 이어 정화수 떠 놓고 천지신명께 합장 재배하며 빌던 큰 장독도 안 보인다. 장독 틈새의 봉선화와 채송화는 누나들을 기다리다 지쳤는지 시들고 말았다.

뒤 처마 벽체에는 무청이 가지런히 매달려있다. 먹을거리가 부족했던 시절에 허기라도 면하기 위해 챙기던 하찮은 시래기가 지금은 귀한 대접을 받는다.

안주인인 듯 막 들어오는 차림은 소쿠리 대신 케리어를 끌고 머릿수건은 햇빛 가리개로 바뀌었다. 작업복 대신 청바지 차림이 근대적 농촌 아낙의 겉모습이다. 이게 개화된 농촌의 풍경이고 지금의 내 고향 모습이다. 지금껏 옛 환상 속에서만 서성이든 나그네, 마음의 고향은 어디일까.

분명 내가 태어나 살던 터인데 형태, 내음, 정서까지 전혀 다른 타관이다. 변화한 현실을 거부하고 한사코 내 마음의 고향만을 그리면서 서성이다 돌아서는 나그네의 허전한 마음일까. 이제는 가도 그만 와도 그만 낯선 타향일 뿐이다. 어쩌면 옛 그대로의 내 고향이기만을 바라는 나만의 복고적 향수일지도 모를 일이다.

장날이면 동네 어른들이 비틀거리며 넘던 마을의 관문인 이 고개. 오늘은 돌아온 내가 짙은 향수에 젖어 '사공의 뱃노래….'를 흥얼거리며 넘어간다. 여전히 노을이 곱게 물들었다.

멜빵 할아버지

멜빵 할아버지란 짐을 새끼로 묶어 등에 지고 다녀서 붙인 별명이다. 바로 윗동네에 사는 칠십 대 노인을 말한다.

그의 아들은 대기업에서 수위 장인지 관리장을 한다고 했다. 며느리는 어느 부녀 모임의 열성 간부라고 한다. 손자는 대학생이고 손녀는 모 항공사 승무원이란다. 그래서일까. 아들은 부근에서 제법 탄탄한 유지쯤으로 자처하는데 멜빵 할아버지의 행색 때문에 체면이 말이 아니라고 했다.

할아버지를 두고 가족회의도 여러 번 했다고 한다.

"용돈이 모자라면 올려드릴 테니 제발 멜빵 메는 일만은 그만 하세요."

아들 내외의 간곡한 만류도 그때뿐 도무지 듣지 않는단다.

평생을 농사만 짓고 살던 할아버지. 할머니가 먼저 세상을 떠나자

할 수 없이 아들네로 상경하면서 허구한 날 밥만 먹고 빈둥대는 게 지겹고 답답했던가.

어느 날부터인가 슬그머니 골목을 뒤지며 폐지를 주워 메고 나르는 멜빵 할아버지가 되었다.

말끔한 차림새에 어울리지 않게 새끼 멜빵을 한 할아버지를 보면서 사람들이 수군거렸다. 며느리 등쌀에 저런다고도 하고. 홀로된 가난한 딸을 돕기 위해서라고 했다. 또는 말 못 할 연고자를 돕기 위해서라는 등 여러 갈래의 소문이 무성했다.

이 같은 소문에 의기투합해서일까? 일부 빌딩 사무실 여직원들은 여태껏 그냥 버렸던 신문이나 잡지, 종이상자 등을 차곡차곡 모았다가 약속한 날 할아버지에게만 내놓았다. 소문도 할아버지 편인가. 동네 아낙들도 일부러 헌 옷이나 폐지를 모아 두었다가 할아버지만 지나가면 불러서 건네주기도 한다고.

가족 중에서 유일하게 할아버지 편은 손자이다. 이삿짐센터, 페인트공 보조 등 아르바이트를 하여 용돈도 마련하고 저축도 하는 건전한 젊은이로 소문이 자자하다. 어쩌다 할아버지가 몸이 불편한 기색일 때는 솔선하여 거들기도 한다고.

여전히 궁금한 것은 할아버지의 속내이다. 굳이 그러지 않아도 편안하게 지낼 수 있는 상팔자인데 어쩌자고 궁상을 떠는지. 타고난 천성일까 살아온 버릇일까, 그도 아니면 소문대로 딸 때문일까. 할아버지가 입을 굳게 다물고 있는 한 아들도 모르고 며느리도, 다른 누구도 모른다.

소록도 풀피리

강남 갔던 제비가 돌아온다는 절기의 봄이다. 그렇지만 아직도 겨울의 꼬리가 남아있는 듯 새벽은 차기만 하다. 그래도 한낮의 바람은 제법 훈훈한 기운을 뿜어내 대지는 온통 싱그러운 연녹색으로 탈바꿈 중이다. 지금쯤 내 고향 동구 밖 양지쪽에서는 풀피리 가락이 한창이겠지.

오늘의 일정은 순천 송광사로 가 〈무소유〉의 자취를 돌아본 다음 소록도를 찾을 계획이다. 오늘 찾아갈 소록도에는 나를 예뻐했던 동네 형이 있다. 그와는 아련한 사연이 남아있다. 도대체 어떤 곳이기에 오랜 세월 가려진 채로 있었을까도 궁금했다.

형은 훤칠한 키에 재주도 많아서 뭐든 척척 해내는 재간 꾼이었다. 힘도 세서 등짐도 남달랐던 상 농군이었다. 그 시절에는 드물게 하모니카도 잘 불었고 특히 호드기의 명수였다. 봄이 오면 버들피리로 시작하여 온갖 풀잎이 형의 입에만 들어가면 멋들어진 가락이 되어 흘렀다. 뒷산에서 지게 장단에 맞춰 노래나 하모니카를 부를 때면 빨래터에 모인 동네 누나들이 넋을 잃기도 했다. 지금 와서 생각해 보면 어떤 흑심의 신호였던 것 같기도 하다.

결국은 예쁜 처자와 연애 끝에 결혼하자 속칭 '최진사댁 셋째 사위'가 돼 친구들의 부러움을 사기도 했다. 선망도 잠시 언제부터인가 모두가 경계하며 문둥이癩患者라고 숙덕거렸다. 끝내는 어디론가 떠나야 했다. 흰 중의적삼에 밀짚모자를 눌러쓰고 낯선 사람과 무거운 발걸음으로 동구 밖을 나서던 뒷모습을 무슨 비밀이라도 훔쳐보듯 지켜봤다.

"쯧쯧. 아까운 젊은이가…."

혀를 차던 어른들 틈에 끼어 형을 본 지 60여 년이 지났다. 그가 간 곳이 소록도인 줄은 한참 후에야 알았다.

어디쯤 왔을까. 넓은 보리밭 들녘이 펼쳐지고 소록도로 가는 표지판이 눈에 띄었다. 섬으로 가는 길에 들어선 듯싶다. 이 먼 길을 형은 어떻게 걸어왔을까. 죄라면 오직 천형 병자이기에 가족과 작별하여 고향을 등졌다. 세상 모두와의 인연도 다 끊고 유배지로 쫓겨 가는 애환이 서린 길이다. 저 보리밭 두렁에 앉아 잠시 쉬어가는 짬에 속세와의 하직을 보리피리에 담아 구슬픈 가락을 연주했으리라. 곡이 울려 퍼질 때 들녘의 시퍼런 보리도 따라 춤추며 울었으리라. 한하운 선생의 〈보리피리〉 시상詩想도 여기쯤이 아니었을까.

소록도. 이름대로 새끼사슴이라는 섬은 푸름에 파묻힌 청량한 잎새 바람이 향긋한 수향樹香을 내뿜었다. 안내원의 설명에 따르면 가족과의 면회도 한 달에 한 차례였고 자리 배치도 원생(환자)은 바람을 안고 면회 온 가족은 바람을 등지게 배치하는 게 이곳의 면회법이라 했다. 당시는 한센씨병은 전염되는 불치의 천형으로 취급하여 외딴섬에 격리 수용할 수밖에 없었으리라.

이 섬에서 원장은 원생의 생살여탈권을 가진 전지전능의 통치권자였다고 한다. 의술의 발전으로 1960년부터는 수용 위주에서 치료 위주로 전환되었다. 세간의 인식도 달라져 영부인도 다녀갔고, 교황 바오로2세의 방문을 계기로 각계의 내왕도 한층 잦아졌다. 2009년에는 94년간의 유일한 교통수단이었던 뱃길에서 연륙교가 개통되고 관광객도 증가하는 추세라고 한다.

잘 다듬은 섬의 전경이 수려하다. 제자리에 있는 돌멩이 하나 절묘한 한 그루의 나무도 다 원생들의 눈물과 땀으로 일궈 놓은 유작이라니 코끝이 얼얼한 느낌이다. 문화재로 지정된 음습한 생체 실험실에서는 한센인이기에 거세당하고 죽어서는 생체 실험물이 될 때의 처참한 광경이 떠올라 살피기조차 오싹했다. 제법 큰 규모의 감호소는 죄수를 감시하기 쉽도록 H형 구조라 했다. 신체가 부자유한 원생뿐인 이곳에서 과연 어떤 죄목의 죄수를 가두었을까.

인위적으로 다듬은 고고한 공작새 자태를 한 나무는 신기한 명품 중의 하나였다. 진귀한 수목이 많기에 탐이 난 한 실세가 옮기려다 실패했다는 일화도 들려주면서 이식하기도 쉽지 않은 수종들이라고 덧붙인다. 마리아 공원에서는 원생들의 한 맺힌 넋인 양 떨어진 핏빛 동백꽃을 성모 마리아가 애처로운 듯 내려다보고 있다.

간악한 일인 원장이 자진 성금이라는 미명으로 원생들을 착취하여 자신의 공덕비를 세우려고 했다. 제막식 현장에서 분개한 원생들에게 살해당하는 끔찍한 사건도 있었다. 문제의 철제 송덕비에는 어떤 글귀가 씌어 있었을까. 태평양전쟁 당시 전쟁물자로 징발하여 지금은 그 자체가 없다는 게 유감이다.

어느새 해도 많이 기울었다. 찾아오기도 쉽지 않은 먼 곳. 모처럼 왔으니 형을 만나봐야 하는데 하필이면 오늘이 공휴일이다. 특별면회를 신청할만한 용건도 약하다. 그나저나 형은 적잖은 고령일 터인데 언제 또 찾을 수 있을지. 이런저런 핑계로 그냥 돌아서려니 마음이 무겁고 찜찜하다. 단념하고 막 소록도 대교를 넘어서려는 데 어디선가 풀피리 소리가 들리는 것 같다. 모처럼 고향 아우가 여기까지 왔다가 나를 찾지도 않고 매정하게 떠난다고 서운한 심정을 담아. 형만의 독특한 그 풀피리 가락에 맞춰 '보리피리 불며 봄 언덕 고향 그리워 필-닐리리' 그 소리가 귓가에 맴돈다.

아직도 애절하게 불고 있을 것만 같아 자꾸만 뒤돌아보게 된다.

왕할머니의 손주 사랑

오늘따라 날씨가 화창하다. 아들이 왕할머니라 부르는 어머니 성묫길에 사대가 함께 나섰다. 한동안 우리 부부만 다닐 때는 쓸쓸했었는데 이렇게 잊지 않고 챙기는 효손이 있어 든든하고 기특하다. 오랜 해외 출장에서 돌아와 인사차 온 큰애가 불쑥

"내일 언제쯤 나설까요."

"어딜."

"내일이 청명 아니어요."

그제야 깜박했음에 계면쩍어 당황했다.

어릴 적 큰애는 한동안 제 할머니 품에서 자랐다. 가는 길에 차 속에서 그때 할머니의 귀여움을 받았던 이모저모를 자상하게 들려주는 부자간의 대담이 정겹다. 나도 막둥이 외아들이었기에 늦도록 어머니 품에서 어리광만 피우며 자랐다.

그 시절의 어머니치고 가슴 시린 사연 한 자락 없는 분이 있으랴만 우리 어머니는 남다른 험한 인생살이를 했다. 한 고을 성城안에서 집성集姓을 이루고 토반으로 행세하며 반상의 규범도 유별했던 가문이었다.

아버지는 오직 남산골 딸깍발이 선비. 평생을 세상사 가사와는 오불관언吾不關焉이었다니 끼니도 어려운 처참한 가난을 겪어야 했으리라. 다행히도 오래전부터 내 건너에서 천 석을 한다는 촌수로는 조금 먼 친척 곁으로 이사를 했다. 그 댁과는 오랜 인연 때문인지 각별한 배려로 약간의 소작 답을 얻어 부치게 되었지만 유일하게 우리 집에는 지게가 없는 농가였다. 한 해는 동양척식회사의 소작료 미납으로 차압까지 당해 더 허덕여야 했다.

선친은 사인도 명확지 않은 병으로 어린 삼남매를 남겨둔 채 갑자기 세상을 뜨셨다. 이때부터 별수 없이 팔을 걷어붙인 여장부가 된 어머니. 두 누나도 품삯이면 뭐든 밤낮을 가리지 않는 억척 꾼이 되었다.

어쩌다 그 시절 이야기를 꺼내기라도 하면 어머니는 '어린 자식들이 굶고 있는데 가릴 것도 망설일 여가도 없고 부끄러울 것도 없었다'라고 하시면서 '이 세상에 다시없는 몸서리치는 가난이었다'라며 입에 담기조차 싫어하셨다.

그래도 나는 귀공자였다. 어려운 그 시절에 중학교에 입학하자 마치 어머니는 소원을 다 이룬 양 기뻐하셨다. 친구들이 부러워하는 축하 인사에도 내 나름의 시름이 있었다. 당장에 닥친 입학금부터가 문제였다. 재학 중 내내 수업료와 기본 책값 외에도 필요한 학용품이 많이 들었다. 경비가 드는 실습이며 견학 같은 모임에는 의당 불참했다.

실습비가 있던 화학 시간에는 학교 뒤 남산으로 쫓겨나 풀밭에 누웠다가 훈육 선생에게 발각돼 불량학생 취급을 당했다. 억울하기도 했지만 여러 번 경위서를 써야 했다. 책 한 권을 사면서 사전, 콘사이스, 딕셔너리라며 책값을 세 번이나 받았다는 친구가 부럽기만 했다. 어릴 때부터 가난을 체험해서일까. 어떻게든 돈 앞에서 주눅 들지 않으려고 애쓴 것도 같다. 돈이 좋은 세상이라는 걸 부인하지는 않는다.

한국 전쟁이 터지자 모두 궐기했다. 나도 자원하여 입대했다. 치열한 전쟁의 와중에도 탈 없이 부산에서 근무하고 있을 때였다. 출근하자 사무실 책상 위에 난데없는 전보 한 장이 와 있었다. 발신지는 나도 모르는 영천이었다.

서둘러 나주의 집으로 갔더니 내게 온 전보가 아니었다. 부대로 돌아가는 길은 배편을 택했다. 모처럼 만난 친구들 등쌀에 출발도 예상보다 늦은 데다 기차까지 연착해 예정했던 배편을 놓치고 말았다. 별 수 없이 다음 배편을 이용할 수밖에 없었다.

귀대 다음 날 조간신문에 간발의 차로 놓쳤던 그 '창경호 침몰'이란 제목의 기사를 보게 되었다. 내가, 침몰한 그 배를 탔더라면 어떻게 되었겠는가. 이런 경우를 두고 재수니 운수라고 가볍게 넘기기엔 너무나 아찔하기만 했다.

또 부대 비상령이 내려 전원 단독무장으로 근무할 때였다. 한밤중에 난데없는 총성이 울려 전원 긴장했다. 아래층 불침번의 오발 사고였다. 그런데 공교롭게도 목조건물이라 이 층 내 침상을 관통했다. 그도 옆 친구가 먼저 발견하고 외쳤다. 그 후 나는 의식을 잃었다. 얼마

나 지났을까 비몽사몽 간에

"이 친구 몽둥이 주사라도 맞아야 정신 들려나."

하며 군의관이 내 등을 툭 쳤다. 이 같은 천우신조는 필시 어머니의 정성인 정화수 효험이거나 독실한 불심의 가호라 믿고 싶다. 그렇지 않고서야 우리 어머니는 '발원하는 사람은 천 가지 재앙이 눈 녹듯 소멸하고 조성하는 데 동참한 사람은 백 가지 복이 구름이 일 듯 일어난다'라는 가사불사袈裟佛事에도 끊임없이 참여하셨다.

어머니는 늦장가 든 막내 외아들에게서 튼튼한 삼 남매가 태어난 것을 기뻐하셨다. 손주들이 장성해서 중고등학교까지 다닌 것을 지켜보는 것만도 흐뭇하다고 하셨다. 젊어서 키운 정이 더해서일까? 맏손자에 대해서는 유별하셨다. 작은 것 하나라도 늦게 오는 손자 몫은 손수 챙기고 제 부모의 훈계도 언성이 다른 듯싶으면 얼른 방으로 불러들였다.

조촐하게 차린 제물에는 '할머니 먼저'하는 증손의 간식인 바나나도 올라 더 환해졌다. 바나나를 보니 옛일이 떠오른다. 어머니가 작은누나 집에 잠시 가 계실 때였다. 그 귀한 바나나를 보자 밤늦게까지 공부만 하는 손자를 생각하여 슬쩍 옷 봇짐 속에 넣어두고는 깜박 잊어버려 아끼던 옷까지 망쳤다. 그렇지만 어머니는 그보다도 바나나가 더 아깝다고 하셨다.

'어머니! 그 귀한 바나나가 지금은 지천이랍니다.'

생전에도 누구든 찾아오는 것만으로도 반가워하시며 환한 웃음으로 반기시던 어머니. 이렇게 삼대가 찾아오니 얼마나 기쁘실까. 또 언제까지 찾아뵐 수 있을까. 내 생전만이라도 계속할 수만 있다면 지나친 욕심일까.

성묘를 마치고 함께 쉬는 자리에서였다.

"이미 유서에도 써두었지만 나는 화장해서 할머니 발아래 묻히고 싶구나."

하자 얼른 손자가

"그럼 할아버지 산소는 없잖아요."

"그래 없지. 그까짓 봉분 따위 없으면 어때. 그 대신 너희가 따로 찾아오는 번거로움이 없지 않으냐?"

한동안 조용하다. 누군들 생의 끝은 무無요 공空인 것을.

'여보게, 자네 저승 갈 때 뭘 가져가려나.'

하던 한 스님의 글귀가 오늘따라 내 가슴 깊은 곳에서 피어오른다.

짝 잃은 귀향

올 현충일 사이렌은 유별나게 가냘프고 애틋하다. 친구 C와 함께했던 추억이 또렷하게 다가와 내 가슴을 후빈다.

친구와는 이웃이고 학년도 같아 자고 나면 그림자 같이 함께했던 개구쟁이이기도 했다. 앞의 드넓은 들판과 개울, 뒷산 천지가 뛰놀기 좋은 우리 터전이었다. 여름밤 반딧불을 잡는다는 구실로 동네 형의 밀회 장소를 찾아내 발설하지 않겠다는 약속 조로 당돌하게 사탕값을 갈취하기도 했다. 한밤중 동네 처녀들이 멱 감는 광경을 숨어 훔쳐보던 형에게 살금살금 접근해 어른처럼 "에헴!" 하고 큰기침을 해서 평소 기세 높았던 덩치가 기겁을 하고 줄행랑을 치게 했다.

맛보기 엿을 주지 않는 얄미운 엿장수가 일어서려는데 뒤에서 잡아당겨 넘어뜨리고 도망치는 심술궂은 해방도 놓았고. 철 따라 참외, 밀, 콩 등 큰 서리 판은 으레 우리 패거리를 먼저 의심했다. 우리는 항상 쌍둥이처럼 붙어 다니는 단짝이었다. 그는 덩치가 큰 편이었지만 내 의견에 잘 따라주었고 근방 또래 중에서는 적수가 없었다.

6.25 때도 같이 입대해서 한 이불을 덮고 꼭 붙어 지냈다. 잔뜩 긴장한 훈련소에서의 첫날 밤을 겪은 일이 새롭다

"주목! 방금 너희들에게 지급된 옷은 군복이다. 군복이란 짧으면 꺼내고 길면 안으로 집어넣어 각자 몸에 맞게 단정하게 입는 게 바로 군대 요령이다. 알겠나. 알았으면 즉시 실시."

매서운 눈매에 카랑카랑한 금속성 목소리의 선임하사 앞에서 처음부터 기가 질렸다. 본시 작은 체구에다 미제 중에서도 제일 큰 특대(Large-size) 옷을 입은 꼴이란 바지저고리 차림의 괴이한 병정이었을 게다. 이런 광경을 한참 지켜보던 선임하사도 씩 웃으며 돌아섰다. 이런 헐렁한 차림새는 요즘 유행하는 자유형(free-size) 복장을 그 당시에 선보였으니 선도자가 아니었을까.

이때부터 먹어도 배고프고 입어도 춥고 자도 졸음만 오는 전시 훈련병의 병영 생활이 시작되었다. 군율도 대단했다. 꿀맛 같은 식사 중이거나 한밤중에도 툭하면 '선착순 사전舍前에 집합'하여 지독한 연대기합도 받았다.

보슬비가 내리던 날 진흙탕을 기고 뒹구는 혹독한 훈련을 받던 야외 교장에서였다. 잠시 쉬는 시간에 철조망 너머로 나타난 잡상인, 속칭 이동 주보와 만났다는 벌로 지독한 태형笞刑을 당하고 기진맥진 귀대 길에서였다. "원기부족!"이라는 선임하사의 추상같은 호령에 훈련병들은 바싹 긴장했다. 즉시 무릎은 직각이 되게, 팔은 어깨높이로 흔들며 목청껏 군가를 외쳤다.

“무찌르자 오랑캐 몇백만이냐, 대한 남아 가는데 초개로구나.”

침략자 오랑캐는 왜 끼어들어 이 땅의 젊은이들이 이 고초를 겪게 하는지 주먹을 불끈 쥐게 했다.

내무반에 들어서자 친구가 따라오라는 눈짓을 했다. 화장실 뒤로 따라가자 종이에 꼬깃꼬깃 싼 인절미 몇 개를 꺼냈다.

“아까 야외 교장에서 담배하고 바꾼 거야. 얼른 먹자.”

가슴이 뭉클했던 그때의 감동은 지금껏 잊을 수 없다. 그날 밤 취침 나팔은 왜 그리 서글프기만 한지, 곤히 잠든 친구 옆에서 나는 한동안 잠을 이루지 못하고 뒤척였다. 고된 훈련병 생활도 친구가 있어 견딜 수 있었다.

훈련을 마치자 뜻밖에 나는 기간요원으로 남게 되었고, 친구는 전방으로 배속되어 생전 처음으로 헤어지게 되었다. 상상도 못 했던 황당한 이별에 뭐라 할 말이 없어 서로 손만 꼭 잡고 있었다. 얼마나 지났을까.

“전출병 집합!”

“나 간다.”

약간 떨리는 이 한마디를 남기고 쏜살같이 가버렸다. 처음 겪은 충격에 할 말을 잃고 떠나가는 친구의 뒷모습만 물끄러미 지켜보다 ‘아차’하고 뒤쫓아 갔을 때는 호송 선두 차는 벌써 앞서가고 있었다.

얼마 후 나는 갑종 장교의 소정 교육과정을 마치고 전방으로 배치되어 근무할 때 친구의 전사 소식을 전해 들었다. 그 후 운 좋게도 향토 주둔 부대로 배속되어 집에서 출퇴근했다. 이때부터 어쩌다 고향 동네에 가려고 해도 발길이 떨어지지 않았다. 친구와 끝까지 함께 하지 못한 미안함과 후회, 가족에게는 나 혼자 돌아온 송구함 같은 것이 남아 있었다. 정작 그의 가족을 만나면 어떻게 처신해야 좋을지 그저 모두가 나 때문인 것만 같아 착잡하고 조마조마했다.

그러던 어느 날 기어이 친구 어머니와 마주치고 말았다. 나를 보자 반색을 하며 손을 잡고 목멘 소리로

"둘이 갔으면 같이 와야지 우리 애는 어쩌고…"

이 말에 나 혼자만 살아온 것이 송구하여 할 말을 잊고 말았다. 그저 꿀 먹은 벙어리가 되었다. 한참 만에 친구 어머니는 잡은 손을 놓으면서

"다 제 명命이지 뭐."

하고 긴 한숨을 내 쉬었다.

친구는 뭐든 척척 해내는 재간둥이였다. 기대했던 영특한 아들을 잃은 부모의 마음이야 오죽할까. 돌아서 가는 등 굽은 할머니가 된 모습을 한참 동안 지켜보다가

'그래, 기왕지사 이렇게 된 것 이제부터는 피할 게 아니라 친구 대신 아들 노릇이라도 해야겠어.'

뒤늦은 다짐을 했다.

단짝과 지내던 추억 속에서 헤매며 걷는 길에 긴 그림자 하나가 친구인 양 말 없이 따라오고 있었다.

청계천 변을 거닐며

어둠이 깔린 청계천 광장 9층 탑등이 환하게 물줄기를 밝힌다. 오늘은 사월 초파일이다. 한국의 연등제는 유네스코에서 세계 인류 무형문화 유산으로 지정한 우리 고유의 문화 행사다.

등의 기원은 인도이다. 우리나라에서는 불교가 국교였던 고려 태종 때부터 사월 초파일에 연등회를 시행하였고 조선 시대에도 성대한 연등회로 이어졌나. 휘영청 밝은 연등 그 아름다움은 황홀감을 느끼게 한다.

널따란 수상 연꽃 위에 안치된 인자한 미소의 불상, 큰 눈을 부릅뜬 사천왕상, 열두 가지 동물 형상을 한 십이지신상, 화려한 연등, 탐욕과 아집으로 어두워진 마음을 밝히는 기원의 등, 화합과 번성의 등, 그리고 각자의 소원을 비는 사각 팔각의 희망등이 형형색색의 고운 빛으로 마음을 환히 밝힌다. 그리고 북과 갖가지 악기의 미묘한 향연에 심취해 있다.

겨울이면 청계천에서 빛 축제도 열린다. 특히 밤이면 빨강, 주황빛, 초록의 갖가지 색의 불빛이 청계천의 야경을 화려하게 장식한다.

한양 도성의 청계천이 해마다 범람하여 개거, 준설 등 치수에 골몰했다. 청계천은 역대 임금들이 왕정을 펼치는 정치적 시험대이기도 했고. 하천 정비를 위한 개거도감開渠都監을 둔 적도 있었다고.

도심의 원활한 교통소통을 위해 복개 하자, 시궁창이 되어 악취가 풍기고 매탄가스가 폭발하는 등 소동도 있었다. 붕괴 위험 조짐이 있어 미 8군에서는 청계천 고가도로의 차량 통행 금지령까지 내리기도 했다.

당시 종로와 을지로를 가로막은 세운상가는 전기 부품을 취급하는 상점과 노점들이 혼잡하게 들어차 있어 흐르는 하천이란 어디서도 찾아볼 수 없었다. 한동안 유지냐 철거냐로 의견이 분분했던 청계천. 철거 공약을 한 시장이 당선되면서 현 상태의 청계천 지하 공개 투어를 공모했다. 호기심에 우리 부부도 신청한 지 보름 후의 참가팀으로 선정되었다.

과연 지하 청계천은 어떤 곳일까. 별난 구경거리가 될 것 같다. 드디어 관람일, 입구부터 엄격한 통제 속에 진행되었다. 참관인 전원은 마스크와 헬멧으로 무장하고 뒤에는 안전요원인 소방관을 대동했다. 안내원은 헬멧에 핸드 마이크, 그리고 커다란 손전등을 갖추고 있었다. 한 팀은 10명, 앞 팀과의 거리 유지를 위해 걷다 서기를 반복했다.

첫발부터 엉성하게 얽어 놓은 패널을 밟자, 흔들리면서 삐걱거리는 소리에 바짝 긴장했다. 통로를 따라 드문드문 매달아 놓은 희미한 백

열등은 주변의 형체만 겨우 식별할 정도였다. 사방은 희미한 어둠 속에 잠겨 있었다. 가지고 간 플래시가 도움이 되었다. 이번 장마통에 떠내려온 너절한 쓰레기가 여기저기 널려 있었다. 발목까지 빠지는 모래를 밟을 때마다 퀴퀴한 냄새를 풍겼다. 안내원이 비춰준 거대한 하수관에서는 먹물 같은 탁류가 금방이라도 넘칠 것만 같았다.

천장 군데군데 철골 상판이 심하게 부식돼 있었고 또 다른 곳에는 커다란 빔으로 떠받쳐 응급 처치만 한 위급상태였다. 위에서 달리는 차의 진동으로 금방이라도 상판이 무너져 내려앉을 것만 같아 조바심마저 들었다. 잠시 들여다본 하천 속은 위험천만한 상태로 조치가 시급했다. 이게 바로 빨리빨리 시대가 급조한 산물이 아닌가. 우리는 한참 동안 이런 음산한 분위기 속에서 헤맸다. 이제껏 내 손을 꼭 잡고 있던 아내의 손은 땀으로 흥건했다. 더는 못 견디겠는지 이젠 나가자고 보챘다.

고가도로를 건설한 지 40년 말도 많았던 청계천이다. 2003년 7월에 다시 복원을 위한 철거과정을 지켜봤다. 이때 광통교, 수표교, 오간수문 등은 원상 복원하자는 민원도 있었지만 무시한 게 아쉽다.

청계전의 물줄기는 서울을 둘러싼 북악산, 인왕산, 남산의 물이 합수해 서울의 도심을 서에서 동으로 가로질러 흐른다. 도심의 남북을 잇는 다리만도 광통교, 수표교, 배오개다리를 위시하여 80여 개였으나 지금은 22개만 남아 있다. 다리에 얽힌 사연도 재미있다.

광통교 철거과정에서는 왕릉을 장식했던 병풍석을 발견하였다. 계모 신덕황후에 대한 반감이 얼마나 컸으면 태종 이방원이 석물을 뒤집어 놓고 도심에서 가장 큰 다리의 석축으로 뭇 백성이 밟고 다니도록 디딤돌로 했을까.

수표교는 홍수에 대처하기 위해 교각에 수표를 설치한 유래에서이고. 특히 정월 보름밤이면 '다리 밟기'같은 민속놀이 한 마당을 펼쳐 장안의 선남선녀들을 가슴 설레게 했던 곳.

버들다리는 일명 전태일다리로 평화시장으로 가는 길목에서 '근로기준법 준수'를 외치며 분신한 전태일 동상이 있다. 그리고 오간수교는 다섯 칸의 수문을 설치했다 하여 붙인 이름이다. 이 수문은 도성에서 죄를 지은 자들이 도망치는 출구였다고 한다.

비우당교는 고려말 조선 초기 청백리 하정夏亭 류관柳寬의 유택 비우당庇雨堂 근처에 있다. 청백리 류관은 비 오는 날은 방에서 우산을 받쳐 들었다는 일화가 전해오고 있다. 또 영도교는 단종이 왕위를 빼앗기고 영월로 귀양 갈 때 정순황후가 이곳까지 따라와 배웅했다는 슬픈 이별을 담고 있다.

청계천은 예나 지금이나 가히 교통 요충지임을 짐작게 한다. '도심을 흐르는 맑은 물은 아낙들의 빨래터요 어린이의 물놀이터였다. 차츰 걸인들 움막이 들어섰고 전란 때는 삽시에 난민들 판자촌이 되면서 숱한 서민들의 애환이 서린 곳이기도 하다. 70년대 남북 적십자 회담 때 서울을 찾은 북측 기자에게는 도심의 판자촌이야말로 더 없는 호재였겠지.

하천에는 맑은 물이 흘러야 물풀이 자라고 고기 떼가 뛰놀아야 오리, 왜가리 같은 물새도 볼 수 있다. 서둘러 친화적 생태 환경으로 복원해야 한다. 그래야 진정 도심의 쉼터로, 면면히 이어온 우리 전통민속 놀이터로, 보고 즐기는 관광의 축이 될 것이다. 이제 겨우 인공

하천으로 재탄생했을 뿐이다. 그나마 도심에 이런 녹색 공간이 있다는 것만으로도 얼마나 다행인지.

영국에는 템스강, 프랑스에 세느강이 있듯 우리의 서울에는 한강이 있다. 거기에다 도시민의 생활공간이며 600여 년의 역사를 지닌 도심 속의 하천 청계천을 갖고 있다. 청계천은 찬란한 민속문화 유산이며, 축제를 펼치는 명소이고 유일한 도심 속의 쉼터이기도 하다. 우리만의 민속 풍물도 더 발전 계승하여 자랑스럽게 이어갈 놀이마당이 되게 해야 한다. 주변도 잘 어울리게 가꾸고 다듬어서 한층 승화된 세계적인 명소가 되기를 기대해 본다.

팔자타령은 그만

오늘은 두 친구를 방문할 예정이다. 먼저 갈 곳은 A군의 문병이고 다음은 B군의 생일 초대에 참석하려 한다. 두 명 다 동창인데 삶이 너무 대조적이다.

A군은 천 석을 한다는 가문에서 태어나 공부도 잘해서 소위 선망의 대상인 SKY 출신이다. 예상대로 손꼽는 대기업에 입사해 승승장구하여 연봉도 평균치를 훨씬 넘는 엘리트였다. 소문난 미모에 학벌 좋은 규수와 호화판 결혼을 하여 친구들 간에 부러움을 샀다. 별안간 탄탄한 자리를 사직했을 때는 모두 의아해했다. 그때는 저축금과 물려받은 부동산 등 여유 자금이 꽤 되어 노후 준비까지 탄탄했다.

국제적 기업을 표방하고 설립한 회사가 초기에는 금방이라도 성업 신화를 이룰 듯 꼭짓점이라도 닫는 듯 요란했다. 차츰 어딘지 부침을 겪는 낌새더니 그만 파산의 나락으로 곤두박질쳤다. 주변에서 잔뜩 기대하고 맡겼던 투자도 거품이 되어 원성이 자자했다. 이어 가정불화로 부인마저 미국 아들네로 가서 서류상으로는 버젓한 가족이 있지만 현실은 독거노인이 되었다.

잘 나갈 때 비하면 쥐꼬리만큼의 연금만으로는 생활보장 대상자에 버금가는 허울 좋은 빈곤층이 되고 말았다. 그래도 남의 동정이나 도움 따위는 단호히 거절하고 모임에는 잘 참석했다. 이따금 특강료라면서 자랑이라도 하듯 밥을 사기도 했다.

요즘은 지병인 당뇨병에 심근경색증 악화에다 설상가상으로 이웃집에서 번진 화재 후유증으로 패혈증이 겹쳐 투병 중이다. 다행스럽게도 백수인 막내가 돕고 있다.

"이게 다 하늘이 내린 팔자야."

라며 마치 체념한 듯 짬만 나면 어린애처럼 퍼즐 맞추기에 몰두한다. 그토록 부러워할 만큼 영특했고 당당했던 기세도 다 꺾인 지금의 주변은 측은한 동정만 맴돈다.

그런가 하면 B군은 요즘 별 희귀한 골동품 수집에 열정이 대단하다. 진정 취미인지 투자인지 부자의 과시욕인지, 오늘도 생일을 빙자한 초대가 어떻게 전개될지 자못 궁금하다.

재학 때는 결석 지각이 잦았고 숙제도 안 해와 벌서기가 일쑤였다. 다 가는 진학도 포기하고 일찍이 작업복 차림의 공원 행색이 되었다. 이런 처지이니 자연 친구들과도 멀어질 수밖에 없었다. 거기에다 일찍 결혼해서 자녀도 5남매나 두었다.

결과는 본인의 말대로 '운이 따라' 사업이 날로 번창하였다. 지금은 꽤 탄탄한 기업가가 되어 유지 행세를 한다. 이제는 모임에 와서도 툭

하면

"2차는 내가 쏜다."

라고 설쳐대며 호기를 부린다. 마치 자기 과시라도 하는 듯 으스대는 꼴을 보다 못해 '선봉대장'이란 비아냥 조의 별명까지 붙여주었다.

언젠가 취중 넋두리에서,

"너희들은 공부한답시고 신선놀음할 때 나는 밤낮을 안 가리고 허리 한번 제대로 못 펴고 그저 돈만 챙기는 기계였어. 체육복이 없어 혼자 교실에 남은 벌로 도둑 누명까지 쓰고 불려가 속옷까지 홀랑 벗던 견디기 힘든 분통은 지금껏 내 가슴에 대못이 되어 박혀 있지. 여비가 없어 나만 못 간 수학여행이 한이 되어 지금은 안 간 데 없을 정도로 실컷 여행도 다니고 있단다. 짧은 가방끈이 한이 되어 자식 중에는 박사도 있지. 이제는 원도 한도 없이 다 하며 살 거야."

이것이 모두 '자작자수自作自受'라고 제법 뼈있는 문자를 쓰며 장황하게 늘어놓기도 한다.

사람들은 툭 하면 팔자가 사납다느니 하면서 남의 탓을 한다. 사주팔자四柱八字 또는 팔자명리八字命理라는 말은 사람이 태어난 연월일시의 네 간지干支에 근거하여 길흉화복을 알아보는 방법이다. 비과학적 요소가 있지만 믿는 사람들이 의외로 많다. 아무리 팔자가 좋다고 하여도 노력하지 않고 어찌 복을 누릴 수 있겠는가.

대조적인 두 친구, 뒤바뀐 명암의 한판도 저마다 깜냥대로 아등바등해서 이룬 결과일 것이다. A군은 '운이 따르지 않았다'라고 자탄하고 B군은 '운이 따랐다'며 두 사람이 한결같이 자신의 생이 운이라고 했다.

과연 그 운이란 무엇인가? 혹자는 누구나 태어나면서부터 환경, 서열, 부모의 사회적 지위 등 모든 변수가 자신의 의지와는 상관없이 주어진 운명대로 결정된다고 한다. 그런가 하면 가난하게 태어난 것은 제 탓이 아니지만 게을러서 거지로 죽은 것은 전적으로 제 탓이라고 한다.

이는 무엇을 의미하는 것일까. 인생 한판을 끌려갈 것인가, 끌고 갈 것인가는 오직 자신의 의지, 노력, 결정에 달려 있지 않을까. 즉 팔자란 하기 나름이라고. '적은 것으로도 만족하는 사람은 가장 부유한 사람이다'라는 명언이 문득 생각나는 아침이다.

껍질은 할머니 몫

친척댁에 초대받았다. 온 가족이 함께 식사를 끝내고 가벼운 담소로 이어지는 후식 자리에서였다. 이 집 며느리의 과일 깎는 손놀림에 눈이 갔다. 과일에는 껍질에 영양이 많다는데 저건 깎는 게 아니라 아예 잘라내고 있었다. 물론 해로운 잔류 농약 때문이라는 것쯤은 모르는 바 아니다.

그때였다. 이제껏 제 엄마 곁을 맴돌던 어린 손자. 엄마 손에서 막 떨어진 깎고 남은 과일 속을 얼른 챙겨 들고 할머니에게로 달려가

"자요. 할머니."

하고 쑥 내민다. 난처해진 할머니가 먼저 우리 쪽을 힐끔 훔쳐보고는

"나중에 치울 테니까 거기 둬."

하며 큰 소리로 말했다.

평시답지 않게 쌀쌀한 할머니의 모습에 놀란 손자가 어쩔 줄 몰라

했다. 금방이라도 울음보가 터질 것 같았다. 할머니도 뒷수습이 난감한 모양이었다. 여느 때 같으면 할머니를 먼저 생각하는 어린 손자의 갸륵한 효심에 엉덩이라도 다독여주며 반겼을 텐데 뜻밖이어서 놀란 손자이다. 이에 못지않게 할머니도 당황한 기색이 역력했다.

조금 전에 밥상머리에서의 광경이 떠올랐다. 큰 손자가 서툰 젓가락질로 생선을 헤집고 있을 때였다. 얼른 다가간 할머니가 살코기만을 뚝 떼어 밥 위에 놓아주고 제쳐 놓은 내장과 머리 부분을 챙겨가려고 했다. 할머니는 물끄러미 쳐다보는 손자를 향해

"어두일미다."

하고 웃으며 돌아섰다.

어째서 사과 속이나 생선 서덜은 죄다 할머니 몫일까. 이처럼 몸에 밴 할머니의 모습이 손자들의 인성 형성에 어떤 영향을 미칠까.

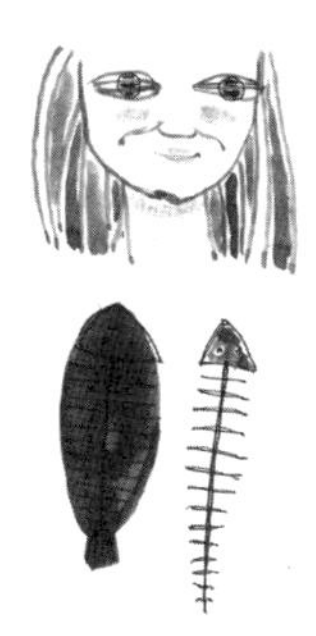

버릴 수 없는 희망

2018년 평창 동계올림픽은 조금 색달랐다. 개최국이 대한민국으로 확정되었다.

'우리는 하나'라며 급조된 남북단일팀이라 주최국의 태극기 대신 한반도기를 흔들며 입장했다. 또 올림픽 성공을 기원한다는 북의 예술단 특별공연에 대규모 미인 응원단도 와서 화려하고 장엄한 잔치판을 펼쳤다. 금방이라도 남북이 하나 되는 숨 고르기 시점이 아닌가 싶을 정도였다. 이런 풍성한 분위기를 한편에서는 '평양올림픽'이라 비아냥거리기도 했다.

식장 단상에는 미 부통령을 위시해 세계 주요 정상들과 북쪽 최고위급 인사들이 참석했다. 그 속에는 김정일의 여동생 김여정도 자리하고 있었다. 참가국 선수도 전 대회 소치 올림픽 때보다 4개국이 늘어났다. 선수단 식장 입장 때는 상체를 노출하고 입장하는 남방 국가

선수가 있어 눈길을 끌었다.

상원사의 종소리가 은은히 울려 퍼지면서 전통 악기 장구의 일사불란한 연주, 뗏목이 뜨고 신 아리랑의 노랫가락에 드론의 군집 비행, 화려한 불꽃놀이는 우리의 전통문화와 미래 신산업이 융합한 환상적인 이벤트였다. 이 극적이고 역동적인 백설白雪의 서사시를 지켜본 세계인 중에는 혹 전쟁상태의 위험한 지대로만 바라보던 선입견을 품은 사람도 있었을 거다. 이렇게 평화를 향해 최선을 다하며 묵묵히 진행하는 우리를 보고 첨단기술의 강국이라고 생각을 바꾸는 계기가 되었으면 하고 생각했다. 우리 고유의 멋을 널리 알리는 이 행사는 한층 더 성숙한 국격國格을 세우는 일이라 얼마나 자랑스러웠던가.

여기서 문득 오래전이지만 생생한 금강산 여행길을 되짚어보았다. 신원조회부터 불쾌하게 했고. 여행 설명회에서 장황한 경고성 주의는 우리를 더 긴장케 했다. 입국관리소에서는 휴대전화기는 물론 여행 필수품인 동영상 촬영기도 임시 보관이란 미명으로 맡기라고 했다. 배정된 좌석에 앉아서도 반복된 점검 끝에 어딘가로부터 지령을 받고 출발했다. 선두 인솔 차량을 따라 꼬리를 물고 서서히 달리는 버스 행렬은 마치 행군 차량을 방불케 했다.

"이제 막 비무장지대에 들어왔습니다. 지금부터는 이 조장(안내원)이 하는 말을 잘 듣고 꼭 명심해야 합니다. 만약 위반했을 때의 행선지는 아무도 알 수 없고 오직 본인 혼자만 알뿐입니다."

라는 협박성 경고 조의 금지사항이 쏟아졌다. 여행의 설렘은 사라지고 오직 일사불란한 집단행동만 강요할 뿐이었다. 차도 숨죽인 듯 바람, 새소리마저 멈춘 적막한 산속을 천천히 지나고 있었다. 저만치에는 삼엄한 삼중 철책, 참호, 지뢰 표시판, 그리고 녹슨 군사 표지 등 하늘도 안 보이는 산길은 폭풍 전야의 고요를 연상케 해서 여기가 최전방임을 실감케 했다.

입북 첫 관문인 검문소에서 차가 멈추자 매서운 눈초리로 온몸을 샅샅이 뒤지는 북한군. 조금 전 북한군을 봐도 행여 눈싸움이나 웃어도 안 되며 검문할 때는 복도에 발을 내놓지 말라던 조장의 지시가 떠올랐다. 군인으로서 흔한 거수경례도 없이 내려가는 무례한 태도는 늠름하고 친화적인 건장한 우리 국군과 대비되었다.

가는 길목에는 일정한 거리마다 붉은 기를 들고 우리 쪽을 응시하는 삼엄한 감시 속에 온정리에 도착했다. 여기서도 건장한 청년들의 휴대용 무전기에서는 억센 이북 사투리로 연신 어떤 지시가 오가고 있었다. 마치 누군가로부터 끊임없는 감시를 받는 듯한 긴장된 압박감에 사로잡혔다.

일정은 계속되었다. 나는 첫 코스로 구룡계곡을 택했다. 10월 하순의 금강산 깡마른 나무에는 빛바랜 잎사귀 몇 개가 달랑거리고 쌓인 낙엽이 찬바람에 뒹구는 소리가 삭막하기만 했다. 눈에 잘 띄는 암벽 곳곳에 새겨놓은 볼썽사나운 선전 문구들. 이 험한 산속에서도 군데군데 말뚝처럼 서 있는 파수꾼들의 눈초리가 번득였다. 이게 내가 그토록 보고 싶었던 천하 명산 금강산이었던가.

북은 6.25를 시작으로 끊임없이 분쟁을 일으켜 왔다. 천안함 폭침, 연평도 포격까지 잔인하게 만행을 저지른 적대국이다. 그도 부족해 핵까지 개발하여 전 세계를 흔들고 있다.

금강산에서 돌아오는 길에 출입 관리로 잠시 멈춰선 장진항의 아름다운 노을은 내 마음을 더욱 뭉클하게 했다. 얼마를 왔을까. 갑자기

뒤쪽에서 "탈북 만세!"하고 외치며 손뼉을 쳤다. 끌려간 것도 아니고 잠시 동네 마실을 다녀왔을 뿐인데 왜 이리 불편할까. 겉은 조국, 한 민족인데 외국 여행보다 까탈스러워서야. 상호적국이란 어디서 온 걸까, 정녕 푸는 방법은 없을까.

올림픽이라는 축제를 기점으로 다시는 지구 종말을 위협하는 핵전쟁의 위협일랑 거두고 서로의 소원인 하나 된 조국의 시발점이 되었으면 하고 기대했었다. 금방이라도 통일이 될 것 같았던 그 기분은 꿈이었단 말인가.

개막식 축제에서 화합을 상징한다는 오륜의 뜻으로 다섯 어린이가 '평화를 찾아 떠난 시간 여행에서는

"두껍아, 두껍아, 헌 집 줄게 새집 다오."

하고 외치는 절절한 동요는 남북 간의 분열, 갈등의 '헌 집'을 허물고 오직 화합과 평화의 '영원한 새집'을 간절히 희망하는 뜻이리라.

횡단보도에서

여러 명이 신호를 기다린다. 자동차들이 꼬리를 물고 위협이라도 하듯 씽씽 달리는 혼잡한 로터리 건널목이다.

지팡이에 의지하여 위태롭게 몸을 흔드는 꼬부랑 할머니. 주변의 시선 따위에도 거리낌 없이 리시버를 귀에 꽂고 몸을 흔드는 젊은 청바지. 운동복 차림을 한 중년은 연신 발을 구르며 서 있고, 엄마 손을 잡은 유치원복 어린이는 주변이 신기한 듯 이리저리 볼거리를 챙기기에 바쁘다. 그 옆에는 깔끔한 차림을 한 초로의 할머니도 바쁜 듯 신호등만 응시하고 있다.

신호등이 바뀌었다. 어느새 할머니 팔짱을 낀 청바지. 노인의 발걸음에 맞춰 점점 뒤처져 오고 있다. 이럴 수가 있나. 뜻밖이다. 신호등도 한결 선명한 푸른빛으로 밝혀주고 지켜보며 응원한다. 할머니와 청년은 신호등이 바뀌기 직전에야 겨우 맞은편 인도에 다다랐다. 할머니가 안도의 한숨도 쉬기 전에 꾸벅 묵례하는 청바지. 다시 흥얼거리며 할머니와는 반대 방향으로 걸어간다. 할머니는 뭐라 할 말이 있는 듯 한참을 젊은이의 뒷모습을 지켜본다.

얼마나 지났을까. 조금 전 건널목에서 함께 기다리던 초로의 할머니이다. 어느새 정류장 의자에 앉아서

“나다. 너 아무리 집이라지만 꼴이 그래서야. 또 너 질책할까 봐 탁자 서랍에 봉투 넣어두었다.”

하자

“엄마!”

‘쨍’하는 딸의 반응이 또렷하다. 엄마와 딸 간의 이 대담에는 깊은 정이 묻어나 많은 것을 상상케 한다.

언뜻. 큰 누님이 떠오르면서 내 쓰라린 기억이 되살아난다. 누님과는 열두 살 터울이다. 부모님이 딸만 줄줄이 셋을 낳고 가계를 걱정하던 차에 막내로 태어난 나. 시집갈 때까지 엄마보다는 누나 품에서 유난히 귀여움을 받으며 자랐다. 시집간 후에도 나를 끔찍이 챙겨주셨다. 초등학교 입학 때는 제일 예쁘고 좋은 가방에 모자까지 사주었다.

중년이 되어서 잠시 복잡한 사정으로 휴직하고 있을 때였다. 어떻게 들었는지 놀라 단걸음에 찾아왔다. 미침 의사의 권고도 있고 또 몇 번의 실패도 겪은 터라 ‘이번만은 기필코 담배를 끊겠다’라고 작심하고 재떨이까지 다 치웠다. 그리고는 딴엔 버티느라 고초를 겪는 중이었다. 낌새를 예측한 누나. 어느새 담배 한 보루를 사 와서는 정색을 하고 내게로 다가와

“아무리 어렵기로니 사내가 담배까지 못 피워서야. 그 담뱃값 평생 내가 댈 테니 걱정하지 말게.”

하며 내 등을 다독거리다 눈물까지 보일 때는 나도 그만 부둥켜안고 함께 울고 말았다. 그 후로도 담뱃값 조로 용돈을 보내주셨다. 그때마다 담배 끊은 사연을 누누이 설명해도 좀처럼 믿으려 하지 않았다. 복직되고서야 겨우 용돈 보내기를 멈추었다.

어느 날 퇴근하여 집에 갔을 때였다. 뜻밖에도 큰누나가 와서 누워 계셨다. 혹 부부간 분란이라도 있었나 하는 지레짐작에 묻지도 못했다. 더욱 그런 일이라면 내가 끼어서 해결될 것 같지도 않았고 그럴만한 위치도 능력도 역부족이라는 것쯤은 알고 있었다. 그러기에 차분히 쉬었다 가시게 하는 게 상책이고 모르는 척 하는 게 도움일 것 같았다. 그러는 며칠 후 아들이 와서 같이 갔다기에 잘됐다 싶었다.

그다음 해 봄 돌연 누나의 부고를 받았다. 엄마는 그제야

"불쌍한 것 병원에라도 한번 가 봤어야 했는데…"

하며 글썽이셨다. 그제야 지난번 집에 왔을 때 병원 진료라도 한번 받고 싶어 친정에 온 본뜻을 알게 되었다. 좀 더 사정을 알아차렸어야 했는데. 매부 사업이 어렵다는 것은 어렴풋이 알고는 있었지만 그렇게까지 어려운 줄은 몰랐다. 그때

'누나, 요즘 건강이 어때요?'

라는 그 한마디를 왜 못 했을까. 왜 그랬을까. 뒤늦은 후회에 아전인수격으로 멋대로 짐작한 자책과 바쁘다는 핑계로 무심했다는 죄책감이 지금껏 응어리로 남아 있다. 나는 센서가 둔한 형광등만도 못하다고 궁색한 변명이나 해 볼까.

절실하거나 어딘지 아쉽고 께름칙하다는 것은 본마음을 거슬렀기 때문일 것이다. 할 수만 있다면 미루거나 넘기지 말아야 했던 것을 터

득한 셈이다. 곧 뉘우침의 상처니까. 이제 내 머리에는 하얗게 세월이 내려앉았고 고독이 벗이 되었다. 그리움이 친구가 되고 외로움이 일상이 되었다. 그 세월 속 후회는 늦게나마 마음의 매무새를 다잡게 한다.

나는 집 근처 경의선 숲길을 천천히 걷는 버릇이 생겼다. 체격적으로 보폭이 짧은 탓도 있겠지만 시간과 공간의 결합을 갈망하는 욕심 때문일지도 모른다. 혼자서 느릿느릿 볕을 쬐며 걷노라면 주변이 날로 변천해 가는 과정도 더 잘 보인다. 청량한 바람 소리, 새들의 울음소리와 길가의 크고 작은 들꽃들. 제멋대로 구부러지고 휜 나무도 한결 생동감이 넘친다. 각기 위치에서 나름의 선명한 존재감이 특색이 있어 더 예쁘게 보인다. 이런 풍경에 푹 빠져 걷노라면 어느새 시상. 화상. 감상에 젖는 산책길이다. 험준하고 멀리 있는 명산보다는 야트막하고 가까이 있어 짬 나는 대로 즐겨 찾는지 모른다. 더욱이 천천히 나를 돌아보게 하는 시간이어서 좋다.

일상 걷는 도로道路와 인생행로行路에는 다 종착점이 있다. 어떻게 다를까. 시류의 풍향에 따라 쉬운 지름길을 택하면 편하고 이익이지만. 바른길은 멀어서 다소 손해를 볼지라도 떳떳하고 반듯하게 걷는다는 데 의미가 있다. 과연 나는 어느 길을 통해 어디쯤 와 있을까.

제4부

50원의 선심

내일은 온 가족이 다 모인다. 제삿날이라 자고 가는 가족도 있다. 하필이면 이럴 때 손을 다쳐 피가 흐른다. 약통을 챙기려니 짜증이 난다.

집안 여기저기에 널려 있는 자질구레한 물건을 치우는 일은 성급한 내 몫이다. 20여 년을 살아온 집이라 그간 쓰고 버리지 못한 어정쩡한 고품, 편리한 새것에 밀려난 것, 수리대기 중인 것들, 받아 놓은 사은품 나부랭이 하며 아내의 몸에 밴 버리지 못한 잡동사니들이 여기저기 널브러져 있다. 특히 아내는 나이가 들수록 곁에다 늘어놓으려 한다. 더러는 요긴하게 쓰일 때도 있다. 그래서 굳이 없는 궁핍한 것보다는 있어서 풍요롭다고나 해둘까.

그 때문에 나와 아내는 이따금 실랑이를 벌이기도 한다. 환경이 바뀌면 어떨까 싶어 몇 해 전에는 아파트를 구했다. 그리로 옮기자고 해도 이 사정 저 핑계로 지금껏 옮기지 못하고 허울 좋은 세금만 내고 있다. 그 아파트에서 얼마간의 임대료 수입을 올리는 재미 때문인 것을 모르지는 않는다. 오늘은 마구 쌓아둔 한 덩이가 무너져 부상의 소동을 겪고서야 없애자고 했다.

우리의 일상은 필요한 것은 챙기고 쓸모없는 것은 버려야 하는 일련의 순환 과정을 되풀이한다. 그러나 버리는 짓도 쉽지 않다. 특히 남의 것은 쉽지만 내 것일 경우 주저하게 된다. 이는 내 것이기에 애착이 남기 때문이리라. 결과는 쌓이고 쌓여서 주체 못 하게 된다. 있어야 할 것과 버려야 할 것을 가려내는 결단이 필요하다. 그래서일까 어떤 이는 이사를 자주 해야 한다고도 했다.

아내는 그래도 그냥 버리기에는 아까운 듯 곁으로 다가와

"고물상에 가면 현금이라 하던데…."

하며 내 눈치를 살핀다. 은근한 압력이다.

"이까짓 것 몇 푼이나 한다고 꼴사납게."

단호하게 거절했으나 아내의 절절한 표정을 보니 머뭇거리게 된다.

"까짓것 준이 녀석 말대로 사고 한번 쳐 봐."

하자 어느새 앞집 손수레가 내 앞에 와 있다. 한 행보에 끝낼 작정이었는데 꺼내 놓으니 가득 싣고도 의외로 남은 게 훨씬 더 많다. 별수 없이 애들이 입던 옷에 밀짚모자를 눌러쓰고 목에는 땀수건까지 걸고서 앞에서는 내가 끌고 뒤에서는 아내가 밀며 나서니 영락없는 넝마주이 부부 꼴이다.

평소에 늘 다니던 길이었건만 예상외로 왜 이리 아득하고 짐은 갈수록 무겁기만 할까. 땀을 흘리며 건널목을 부지런히 건너는데

"그게 다 뭐야?"

하고 누군가가 앞을 막는다. 아뿔싸 기어코 우려했던 사달이 벌어지고 말았다. 별수 없이

"아 보면 몰라, 오늘부터 신장개업했어. 이따가 집으로 갈게. 자네 것도 딴사람 주면 안 돼."

큰 소리로 너스레를 떨며 당당한 체 했지만 왜 하필이면 저 친구야, 입방아가 보통이 아닌데 어쩌지. 마음 한구석이 찜찜하다. 한편으로는 청소하느라 쓰레기 수레 한번 끈다고 그렇게 주변을 의식할 만큼 부끄러운 짓이겠냐고 자위한다.

어떻게 왔는지 고물상 주인이 짐수레를 잡아 당겨주며 맞는다. 얼른 떠넘기고 어서 돌아가고 싶은데, 고물상 주인과 아내는 셈하느라 한참이다. 곧 뒤따라온 아내에게

"값은?"

하자 정확한 값은 2,950원인데 우리가 너무 고생한 것 같다며 50원을 더 얹어 주더라며 화색이 돈다. 문득 내가 월급봉투를 바칠 때는 젊은 커녕 고맙다는 변변한 인사 한마디도 없더니 하고 목구멍에서 치미는 것을 꾹 참았다. 어쨌든 돈은 좋은 것임을 재확인한다. 고물상 주인 말로는 이런 것보다는 헌 옷이나 알루미늄제는 값이 좋다며 이번 기회에 집안 곳곳에서 너절하게 자리만 차지하는 쓸데없는 헬스기, 헌 자전거, 가전제품, 헌 옷 따위도 다 치우면 한결 개운할 텐데 하며 은근히 부추긴다. 아내의 갑작스러운 변심에, 이러다가 누가 고기 맛을 알면 어쩐다는 꼴이 될까 봐 우려스럽다.

꺼내 놓은 것을 차곡차곡 싣고 밧줄로 단단히 묶었는데도 왕복 두

번으로 겨우 끝냈다. 생각 외로 무겁고 힘들어 지쳤다. 그런데 덩치도 크고 많은 것을 단번에 처리하는 일은 큰 공사이며 힘든 대행사이다. 내친김에 해치우겠다는 것은 가볍게 여길 일이 아닐 것 같다.

돌아오는 길에서는 어쨌든 늘 이리저리 옮기느라 애물단지 한 응어리를 한꺼번에 해치웠다는 개운한 마음. 그러면서도 항상 너절했던 골칫거리를 단번에 말끔하게 치웠다는 후련함보다는 어딘지 허전하며 아쉬움이 남았다. 혹 서둘러 치우려다 세전물世傳物까지는 아니더라도 오랜 세월을 함께하면서 이야기가 있고 가족의 감성이 깃든 것까지 휩쓸려 나가지는 않았을까. 잠시 생뚱맞은 생각을 해 본다. 이젠 몸은 파김치가 되었다.

오늘의 수입액은 도대체 얼마일까. 하긴 1000원짜리 마트가 성황이고 동네 피자집에서는 1000원을 더 주면 신제품 곁요리(사이드디쉬)를 얹어 준다는 요즘 그게 어디야. 어둠에서도 아내의 입은 귓가에 걸려있음을 느꼈다.

오늘은 돈 많이 번 날이니 저녁상에는 푸짐한 반주가 오르겠지. 한껏 기대해 본다.

그림자 하나

그동안 형언키 어려운 야릇한 증세에 잠을 설쳤다. 대상포진이란 낯선 병이 더디게나마 차츰 회복될 무렵이었다. 이어서 아내가 의식을 잃어 응급실을 찾는 등 북새통도 겨우 진정되었다.

지루했던 여증餘症에다 알량한 아내의 병시중까지 겹쳐서일까. 몸도 마음도 천근이었다. 우선 쉬고 싶었다. 더 명확히 말한다면 현실을 벗어나고 싶었다. 역마직성驛馬直星이라도 도진 것일까. 조급증이 채근했다. 어디 좋은 곳 없을까. S군이 번득 떠올랐다. 즉흥적으로 여행가방을 주섬주섬 챙겨서 나서려고 하니 뜻밖의 행동에 식구들이 당황해했다.

S군은 동향의 후배이고 한때는 직속 상하 관계였다. 재직 시는 남달리 열정적이고 성실했지만 유난히 고집(자존심)이 센 편이었다. 별안간 사표를 냈으므로 그의 부인과 합세하여 거듭 만류해 봤지만 기어

이 떠나고 말았다. 그 뒤로는 하는 일마다 신통치 않다는 소식을 듣고 있었다. 얼마 전에는 모처럼 만에 낭랑한 음성으로 서해안에다 펜션을 오픈했으니 꼭 한번 들러 달라는 초청 전화도 받았다.

차는 해안을 끼고 꼬부랑길을 달렸다. 얼마쯤이나 갔을까. 말끔하고 하얀 양옥이 반겼다. 앞은 망망대해이고 뒤는 푸른 숲이 둘러싸인 전경이 좋았다. 야트막한 담장에는 빨간 들장미가 흐드러지게 피어 향기를 뿜었고, 잘 다듬은 정원에는 작은 물레방아가 돌았다. 흰 갓을 쓴 외등도 이채로웠다. 바다를 향한 하얀 벤치에는 나무 그늘이 드리워졌고, 방마다 테라스가 있었다.

나를 본 집 주인이 하던 일을 멈추고 달려와 덥석 손을 잡았다. 투박한 손에서 촌부村夫의 고달픔이 묻어났다. 곧 내방으로 뒤따라와서 한방을 가미한 별차別茶를 권하면서 특별한 손님에게만 내놓는다고 수다를 떨었다. 이어서

"이것저것 하도 실패만 하다 보니 주변의 친한 친구도 다 떨어져 나갔지만 그래도 여전히 생각나는 것은 형님뿐입디다."

하는 너스레가 듣기 싫지는 않았다. 그동안의 살아온 이야기들을 장황하게 풀어 놓으려는 참에 마침 초인종이 울리자 얼른 밖으로 나갔다. 그동안 지친 탓일까. 쏟아지는 잠을 늘어지게 잤다.

테라스로 나오니 시원한 해풍이 불어 정신이 맑아졌다. 때마침 바다에서는 노을과 구름. 그리고 하늘이 한데 어우러져 빚어내는 만경晩景이 장관이었다. 붉은 해를 에워싼 주황색 구름이 차츰 검붉게 그리고 조용히 빛의 폭을 줄이면서 어둠 속으로 빠져들었다. 그 조화 속에 작은 섬 그림자가 석양을 받아 바다를 곱게 치장했다.

서해의 절경이 이런 것인가. 사그라지는 저 석훈夕曛과의 석별이 아까워 꼼짝 않고 지켜보고 있었다. 노을의 향연도 아쉬움 속에 끝이 났다. 그제야 이 집 테라스가 한결같이 서향한 까닭도 알게 되었다.

저녁은 모두 한자리에서 했다. 이 집의 특선이라는 해물 샤부샤부에다 한 손님이 무슨 기념일이라며 내놓은 푸짐한 안주에 술도 몇 잔씩 마셨으니 기분도 얼큰하게 올랐다. 벌써 끼리끼리 움직이려는 채비로 미루어 오늘 밤, 이 골짜기에서는 불야성의 파고가 술렁일 것 같다. 나만은 벤치로 나와 오가는 파도 소리를 장단으로'저 별은 누구의 별….'을 흥얼거리며 초롱초롱한 별을 쳐다보았다. 호젓한 해변의 밤을 보낸다.

시각은 다 같으련만 바다의 아침은 일찍 오나 보다. 벌써 밖은 부산하다. 서해의 해돋이를 꼭 보려고 별렀는데 그 덤까지 잡지 못한 게 유감이다. 산책길에서는 조개를 캐러 가는 가족도 만났고, 밤낚시 패도 봤다. 또 엷은 아침 햇살을 받으며 백사장을 다정히 걷고 있는 쌍도 만났다. 모두 밝고 다정한 모습이 보기 좋고 부러웠다. 저만치에서는 어제저녁은 외톨인 내가 측은했던지 또래의 부부가 이것저것 챙겨주던 친절이 도리어 불편해 슬그머니 자리를 옮기기도 했던 그 부부도 보였다.

돌연 나만 외톨이인가 하고 생각하니 내 꼴이 한결 초라하게 느껴졌다. 갑자기 저 무리에 낀다는 게 망설여지고 혼자 기웃거리는 것도 쑥스러웠다. 어쩐다? 이때부터 마음에 갈등이 일었다.

'그래 오고 싶어 훌쩍 왔으니 가고 싶을 때는 즉시 돌아가는 거야.'

이만하면 궁금했던 친구도 만났고, 후한 대접에 편히 쉬었다. 이렇게 자신을 달래며 배낭을 꾸리는데 마침 간식을 들고 온 주인이 의외라는 듯 더 쉬었다 가라고 했다. 따라오려는 배웅도 사양하고 길을 나섰다.

기왕지사 여기까지 왔으니 계절에 따라 시각의 음영에 따라 다른 표정을 짓는다고 소문난 '백제의 미소'를 찾아 나섰다. 서산마애삼존불은 무슨 까닭으로 오롯이 서해만을 지켜보고 있는지도 묻고 싶어 서두르는 나를 따라 외로운 그림자 하나가 부지런히 쫓아왔다.

느리게 느리게

비몽사몽 간에 어렴풋이 울려대는 벨 소리를 듣고 수화기를 들었다. 밤차로 급하게 시골로 내려간 아내의 목소리다. 서둘러 떠나면서 미처 당부를 다 하지 못했기 때문일까. 다짜고짜 이것은 이렇게, 저것은 저렇게 한참을 혼자 말하고는 끼니 거르지 말라는 당부까지 했다.

어제 모임 뒤풀이에서 풀어놓고 마셨던 과음 탓일까, 깨어났을 때는 해가 중천인데도 몸은 천근이라 꼼짝도 하기 싫었다. 오늘따라 집 안은 고요하고 썰렁하다 못해 적막강산이다. 당장 끼니부터 챙겨야 한다는 게 번거롭고 귀찮았다. 손쉽게 외식이나 할까 하다가 캠핑 때 수모가 떠올라 이런 모처럼의 기회에 내 솜씨를 익혀 보기로 했다. 그러면서도 짐스러워 미적거리고 있었다.

올여름 캠핑에서였다. 또래 중에서는 별나게 요리학원에도 다녔던 이력으로 자칭 요리사요 미식가인 회장 Y형이 돌연

"지금은 일상에서는 물론 야외에서는 사내들이 다 하는 거야. 늙어

서 소박 안 맞으려면 이번이 찬스야."

하며 윤번제 식사 당번을 제의했다. 그러자

"나는 오직 돈뿐이야, 다음 판에 또 몇 냥 부조할게."

하며 넉살을 피우는 K형에 이어, 나도

"소생 역시 맹탕인데 어쩐다지?"

하자 덩달아

"어험 이 몸이 어찌…."

하며 J형까지 못 하겠다고 가세했다.

이따금 회장은 한 차 정원만큼의 친구들과 함께 향토음식 순례도 떠났다. 한번은 먼 산골짜기까지 한나절이나 걸려 찾아가서 떨떠름하고 쓴맛이 도는 별난 도토리묵밥을 먹을 때는 처음 대하는 음식이어서일까. 애써 찾아간 기대에 못 미치는 것 같아 기분까지 떨떠름했다. 오는 길에서 회장도 조금 민망했던지 몸에 좋은 음식이 약식동원藥食同源이라나. 유식한 문자까지 쓰며 주위를 살폈다.

부엌이 주방으로 자리 잡으면서 가족 중심의 공간이 되었지만, 대가족 시대는 사내가 부엌을 기웃거리는 것조차 심히 마뜩잖게 여겼다. 지금도 나는 남사가 음식을 조리하는 것을 부러워하기는커녕 은근히 시답잖게 여긴다. 나만 조선 시대 사람일까. 최근 한 여론 조사기관에 의하면 남자가 제일 싫어하는 것 중에서 부엌 일이 3위권이라 했다.

지구촌 시대라 음식도 글로벌화한다는 느낌이다. 한식은 샐러드와 치즈가, 양식에는 고추장과 부침개, 그리고 한식은 달콤해지고 양식은 매콤해졌다. 퓨전이라 하여 무국적 푸드가 범람하고 있다고나 할까. 기왕이면 한식 향을 많이 입혀 발전했으면 싶다.

세상은 많이 변했다. 평생직장은 옛말이고 조기 퇴직 등의 위험 변수는 내일을 알 수 없게 하고 남녀평등, 능력세대에서는 가사 분담도 자연스러운 흐름을 따라야 한다. 집에서 살림만 하는 남자도 늘어가는 추세다. 그뿐인가. 높으신 분도 만찬 외교라며 앞치마 차림으로 직접 꼬치를 굽는 여유와 센스가 통하는 시대이다.

가족 구성도 핵가족이 대세에서 고령화가 가속하면서 노인 세대도 부쩍 늘었다. 거기에다 덩달아 신세대 할머니인 맘도 뒤늦은 자기 계발을 하느라 외출이 잦아졌다. 할머니의 활약은 할아버지의 가사 분담량과 비례한다는 새로운 공식이 정립돼 가고 있다.

시쳇말로 '곰탕을 많이 끓이는 날은 아내가 외박하는 날'이라 하던가. 맘이 단체여행이라도 떠나는 날엔 집안일은 몽땅 할아버지 몫이다. 그런 배려만으로도 감지덕지해야 하고 고맙게 여겨야 한다. 일본에서는 거추장스러운 남편을 빗대서 '젖은 낙엽濡れ落葉'이란 말이 있다. 이런 신세가 두려워 중년 때부터 아내에게 잘하기, 즉 아내 비위 맞추기란 모임도 있다고 한다. 우리도 결코 강 건너 불구경만은 아닌 성싶다.

내 배꼽시계는 벌써 어제저녁도 건너뛰었다고 재촉한다. 지금껏 미적이다가 할 수 없이 '으라차차' 일어서서 허리부터 두드린다. 그리고 냉장고를 활짝 열어젖히고 주섬주섬 몇 가지를 꺼내 놓고 스크랩해 둔 노트를 뒤적인다. 꺼내 놓은 자료만으로는 없는 것도 있어 다시 찾아보고 대체할만한 것은 없나 또 골라 봤다. 바야흐로 김 씨 아저씨표 보양식이라도 만들 양이다.

막상 덤벼들었지만 시작부터 녹록지 않아 허둥대고 있다. 스크랩에서 더욱 헷갈리게 하는 것은 얼마 가량인지 모르겠다. 약간, 정도, 살짝, 얇게 같은 용어만으로는 가늠할 수가 없다. 그야말로 손짐작, 눈대중으로 어림잡을 수밖에 없다. 어쩐지 잘 못 돼가는 것 같기만 해 불안하다. 순서가 틀린 것인가. 벌써 물이 먼저 끓으면서 재촉하니 마음은 더 조급해진다. 물은 뭐하러 끓이는 거지? 채소를 은근한 불에서 살짝 익혀야 했다. 또 느낌이 이상해서 간을 봤다. 어찌 된 일인지 짜도 너무 짜다. 설탕통과 소금 통을 혼동한 실수이다. 조금씩 남은 재료를 더 넣고 물로 간을 조절해보지만 여전히 짜다. 실망이다. 그래도 버리기엔 아깝다. 어떻게 할까 머뭇거린다. 벌써 집안 가득 그럴싸한 냄새가 퍼지고 있다.

하필이면 이때 '따르릉따르릉' 재촉하는 성화에 전화를 받았다. 잠시였던 것 같았는데 통화가 길었나 보다. 이상한 냄새가 나서 황급히 뛰어갔을 때는 이미 냄비가 까맣게 타고 있었다. 아뿔싸, 이를 어쩐다지. 더 난감했다.

평생을 한 치의 오차도 없이 아내에서 엄마로, 주부로의 제 역할을 충실이 수행해 온 아내가 새삼 위대하다고 할밖에.

세상은 성큼성큼 앞서가는데 나는 점점 뒤처지고 꾸물대는 늙은이가 되어 느리게 느리게 세월을 따라간다. 이런 꼴불견을 나만은 '노 노 블루스'라고 미화해 본다.

대국의 검은 그림자

중국은 우리에게 중요한 나라이다. 요령, 길림, 흑룡강성 지역 동북 삼성에는 우리 동포 270만 명이 살고 있다. 그중 길림성에 있는 조선족 자치주 정부는 연길시에 있다. 그들은 우리말과 글을 쓰면서 전통 문화와 역사를 지키며 살아간다.

요즘 중국의 시책이 심상치 않다. 주변의 소국은 대국의 질서에 편입이라도 해야 한다는 시대착오적 주관이 짙게 묻어난다. 후금이 청으로 국호를 바꾸고 해마다 10월에 바치는 세폐歲幣가 적다는 것을 트집 삼아 10만 대군을 이끌고 이 땅에 쳐들어왔다. 청 태종은 군막에 높이 앉아 항복 표시로 평복에 맨발로 찾아간 인조대왕에게 이마에 피가 맺히도록 삼배구고두례三拜九叩頭禮하라는 사상 유례가 없는 치욕을 강요했다. 그도 모자라 '삼한에 만세토록 황제의 후덕이 남으리라'란 글귀를 만주어, 몽골어, 그리고 한문으로 음각한 소위 대청황제공

덕비까지 삼밭나루三田渡, 지금의 송파구에 세웠다. 이조판서 이경식이 비문을 짓고 한성판윤 오준이 글씨 써서 세워야 했던 굴욕을 겪었다.

간도間島는 엄연히 우리 땅이다. 일본이 청의 동북 삼성 개발권이 욕심나 청일 간에 맺은 소위 간도협약은 원천무효다. 주권 당사국과의 합의가 아니고 일본이 대리 행사했기 때문이다. 또 근대에 와서 우리는 외세에 의해서 남북으로 분단되고 동족끼리 총부리를 겨누는 비참한 전쟁도 겪었다. 그땐 항미원조抗美援朝라는 미명으로 중국군이 참전했다. 거기엔 우리를 향해 총을 쏴댔던 적군 조선족도 있었다. 그도 당당히 전훈처럼 자랑하는 그들은 그저 중국인일 뿐이다.

근래에 와서는 힘이 좀 붙어서인지 부국강병富國强兵을 외치더니. 난데없는 동북공정東北工程이란 허울을 내세운다. 예로부터 고구려라는 고대 국가를 스스로 인정해 오던 역사를 말살하려는 짓은 환부역조換父易祖 꼴이라고나 할까. 살수대첩의 명장 을지문덕 장군은 어느 나라 사람이냐고 묻고 싶다. 역사는 역사일 뿐인데 무엇을 얻기 위해 엄연한 사실마저도 훔치려는지.

이번에는 우리의 안위를 위한 '시드(THAAD)' 배치를 놓고 중국의 몽니는 처음부터 점입가경이다. 한 주권국가의 응당한 생존권 행사를 제3국이 왈가왈부하는 것은 침해요 지나친 간섭이다. 어느 나라든 주권 침해 때는 결사코 맞서 대응함이 당연하다. 지금 주변국의 가공할 핵무장도 심상치 않다. 특히 북은 핵 개발에 열을 올리면서 연일 우리를 '싹 쓸어 버리겠다'라는 거침없는 겁박을 하고도 성이 덜 차는지 국제적으로 엄격히 금지된 맹독성 생화학 물질로 친족까지 살해하는 잔인성을 보여 온 세계를 떠들썩하게 했다.

우리 사드 배치에는 별나게 왈가왈부하면서 유독 북한에 대해서 중국은 관대 또는 방관에 분통의 소리가 높다. 더는 지체할 이유도 명분도 없다. 즉시 방어체계를 수립해야 할 것이다. 방어를 위한 사드 배치는 시급해졌다.

중국의 반대 변은 '사드의 눈' 레이더가 북한만의 관측이나 경보 범위를 훨씬 넘어서 자국의 전략 안보를 침해하고 감시한다면서 소대부적小大不敵 운운하며 마치 속국 취급하려 든다. 강대국이라 자처하는 그들은 자국의 안보를 구실로 훨씬 정교한 감시체계로 우리를 감시한 지 오래다. 주변국 안위 따위는 안중에도 없는 게 대국이든가. 이것도 대국의 횡포이다. 우리의 사드 배치는 방어용이며 북의 핵이 해결되면 사드를 철수하겠다는 분명한 조건부 약속까지 했다. 한반도의 평온과 균형은 오직 북핵 문제 해결이 선결이고 순서일 것이다. 이 해결은 미 · 중 양자 협의 채널이 가동돼야 할 차례이다.

중국은 국경을 접한 주변국 14개국과 영토분쟁을 벌이고 있다. 일본은 센카쿠尖閣라 주장하고 중국은 댜오위다오釣魚島라고 하면서 분쟁하고 있다. 중국의 보복전은 일본 관광 금지. 희토류 수출금지를 단행했다. 중국 전역에서 일본제품이면 부수고 불태우며 일본인이 얻어맞는 일이 비일비재했다. 의당 일본은 비상이 걸렸다. 정부 각료와 경제단체 대표가 줄줄이 중국을 방문 '완화해 달라'고 매달렸고. 한편으로 수입선의 다변화로 오히려 중국의 희토류 가격을 폭락시켰다. 이러한 예는 우리에게도 시사하는 바가 크다. 우리도 2000년도 마늘 파동 때 중국은 전 방위 경제보복의 하나로 한한령限韓令 압박에 시달리기도 했다. 그들의 말대로 30년 이상을 처참한 나락에서 허덕일지도 모른다고 위협도 받았다. 이 같은 보복 엄포에 놀라 부랴부랴 해당 관세를 철회하며 물러섰다.

나라도 힘이 있을 때 목소리를 높일 수 있다. 한때는 '세계의 굴뚝'에 불과했던 중국이 무섭게 성장하여 이제는 세계 2위에 오른 초강대국이 됐다. 이에 비해 영토도 부존자원도 부족한 한국이 세계 10위권에 든 당당한 주권국가가 됐다. 지금까지 경험한 것보다 훨씬 길고 힘든 초유의 난국이 올 수도 있다. 지혜롭게 대비해야 하고 고생을 각오해야 한다. 또한 편중을 지향하고 변화와 다양화의 길을 찾아야 할 것이다, 그래서 대국 중국이란 리스크(risk)를 넘어야 한다. 시련을 겪은 만큼 성숙해진다고 하던가?

우리만의 특유한 두뇌와 끼도 있다. 한류가 서서히 온 세계로 확산하면서 우리가 앞서가는 것을 부러워하는 나라들이 많아졌다. 희망적인 징조이지만 한편으로는 경계해야 한다. 대국의 그림자가 아무리 넓고 짙다고 한들 그림자는 그림자일 뿐이다. 그래도 우리나라는 끊임없이 전진하고 발전해 강대국의 선진 대열에 우뚝 설 것이다.

이렇게 환한 미래가 보인 적도 일찍이 없었다. 탄탄한 이 땅에 태어난 것이 다행스럽고 한편 자랑스럽다.

말言의 뼈

'아재'라는 말, 참 오랜만에 듣는 호칭이다. 문중 산 관계로 종가 조카가 찾아왔다. 나보다 나이는 여섯 살 위고 학교도 한참 선배였기에 어릴 적에도 명절이나 집안의 연례행사 때 외는 별로 어울리지 않는 사이다. 서로가 막 대하기가 거북한 처지다.

먼저 카페로 가 주문하려고 손을 들어 카운터에 전했으나 반응이 없다.

"여기요. 저기요. 이 봐요."

차츰 내 언성도 높아지면서 어떻게 불러야 할지 당황했다.

"그간에도 아재 소식은 듣고 있었는데 어떻게 지냈어."

역시 반말투다. 그래도 오랜만에 들어본 '아재'라는 어감에서 살갑고 다정함이 묻어났다.

'아저씨와 아재'는 같은 사람을 지칭하는데 과연 어떻게 다를까. 먼저 아저씨의 사전적 풀이는 '아버지 친형제를 제외한 같은 항렬의 남자 친척을 어우르는 말' 또는 '혈연관계가 없는 남자 어른을 친하게 부르는 말'이라 했다. 조금은 존경심도 들어 있고 상대를 대접하는 마음도 포함한 듯하다. 요즘 젊은이들 간의 아저씨는 윗사람 행세만 하려 들고 원칙만 고집하며 배려나 양해를 모르는 아집이 강한 꼴통. 툭하면 젊은 세대에게 '우리 때는 말이야'를 자신의 무용담처럼 곧잘 내세우는 꼰대. 말로 세대 간의 갈등을 유발해 듣기 싫고 융통성이나 타협을 모르는 옹고집쟁이라며 다분히 부정적인 어감이 짙다.

반면 아재는 아저씨와는 다르게 어딘지 어른 대접하기에는 부족한 듯하고 고집도 양보할 줄 아는 조금은 쉬운 사람으로 스스럼없는 손위쯤의 연령대를 부르는 말이지 싶다. 아저씨는 어딘지 위압적이고 껄끄러운 대상이지만 아재는 순수하고 부드러운 매너가 정겹다는 차이일 것이다.

그 외 젊은 세대와 달리 생각, 주장이 고리타분한 기성세대를 비꼬는 표현으로 꼰대도 있다. 부족하기만 했던 세대와 넘치는 풍요로 물건의 소중함을 모르는 세대 간에 서로 살아온 문화가 다르기 때문일 거다.

'오빠' 또한 길을 가던 뭇 남성의 시선이 쏠릴 만큼 요즈음의 오빠는 모든 남성에 대한 호칭으로 지나치게 평정되고 남용하는 듯하다. 통상 오빠는 오라버니의 예사말로 철부지 때나 혹은 친하게 부르는 호칭으로 쓰였다. 전에는 혈연관계가 아니면 오빠라 부르는 경우가 거의 없었다. 심지어 요즘의 젊은이는 아내의 나이가 어려서일까. 남편을 오빠라고 한다. 고령층에서는 근친상간을 연상케 해서 질겁한다.

말 중에서도 특히 부르는 억양, 음색에 따라 풍기는 의미가 다르다. 특히 유흥업소 여인들이 부르는 애교 섞인 코맹맹이 소리 '오빠앙'은 아첨의 의미가 유독 강하게 느껴진다. 반응도 다를 수밖에. 이런 경우의 오빠는 험난하고 불안하기만 한 연약한 여심이 자신의 친혈육같이 의존하고 싶은 욕구에서 든든한 방패막이가 돼 주기를 바라는 것이 아닐까.

'사장님'도 오빠에 버금가는 난발성 호칭이다. 어떻게 부를까 망설일 때나 아첨이 필요할 경우 스스럼없이 부르는 예우의 뜻으로 곧잘 쓰인다. 어원은 기업 경영의 우두머리인데 기업 전반을 지배 운영하고 책임지는 실세 사장이 있고 명의만 빌려주는 허울 좋은 바지사장도 있다. 아무튼 두 부류 다 사장은 사장이다.

'선생'도 지나치게 난발하는 호칭이다. 선생은 그야말로 만인의 사표다. 그런데 비꼬거나 질책성 뉘앙스의 선생이 있고, 심지어 역술인에게도 선생이라 부른다. 하긴 지식뿐 아니라 운명까지 점쳐주는 정신적인 스승이니까. 평시 내게 합당한 호칭이 아닐 때는 긴장되기도 한다.

언젠가 제 어미가 손자에게

"도련님!"

하고 부를 때 뜨끔하다고 말했다. 그 뒤는 마땅히 해야 할 일을 깜박했거나 잘 못 된 일을 지적하는 질타성 일침이 뒤따르기 때문이라 했다. '당신'이란 한마디에 발끈해 큰 싸움판이 벌어진 광경도 봤다. 같은 말인데도 억양이 거칠면 막말이 된다. 나도 불쑥 내뱉은 말에 큰 낭패를 자초한 후회가 지금껏 남아 있다.

어느 모임에서 한 친구의 험담을 듣고 불쑥 '병신 같은 새끼'하고 동조했다. 공교롭게도 옆에는 어릴 적 소아마비로 지팡이에 의지할 뿐 요직에 있는 친구가 이상한 표정을 짓고 있었다. 그때야 아차 어떻게 해야 좋을지. 친구를 미처 의식하지 못했던 단순한 실수였다. 끝내 서로 눈을 피한 채 헤어졌던 큰 실언이었다.

외국인들이 한국어를 배우기 어려운 이유 중 하나가 상대방의 직위나 사회적 위치 등을 살펴서 존댓말과 반말로 가려야 하기 때문이라고 한다. 그들은 'you'의 핵심적 표준어가 편하고 익숙해서일 것이다.

인간은 어른으로 성장하면서 누구나 거치는 네 가지 의식, 관혼상제를 겪을 수밖에 없다. 어른이 된다는 것은 자신의 행동에 책임질 줄 알고 각자의 도리를 다해야 한다는 의미이다. 공적으로는 직위의 상하와 사회적 계층에 따라 상대를 예우할 줄 알아야 한다. 사적으로는 가례家禮에 따르고 촌수를 지켜야 한다는 뿌리 깊은 관례에 슬그머니 골치가 아파 온다. 특히 예비 신랑신부는 양가 가족의 호칭 도표라도 그려서 익혀야 한다고 말한다면 고리타분한 꼰대의 생각일까. 어쨌든 촌수에 따르는 호칭은 가족 간의 화목과 위계질서를 유지하는 기본 덕목이다. 곧 예절이라는 말이다.

말이란 하기에 따라 더 가까워지기도 하고 등지기도 한다. 반드시 가려서 해야 실수를 하지 않는다.

행복으로 가는 티켓

돼지꿈을 계시로 복권을 샀다. 통 크게 세 장을 더 사서 돌아서려는데 "부-자 되세요."
하고 복권 장수가 덕담을 보낸다. 부자富者, 과연 덕담일까. 묘한 감정이 인다. 부자의 기준이 되는 돈은 우리 일상의 편리를 돕는 한낱 물질일 뿐이다. 이런 단정은 어쩌면 평생을 돈에 시달려온 나만의 반항심인지도 모른다.

세상에서 돈을 싫어하는 자 몇이나 될까. 돈의 축적에 따라 생활 수준은 물론 대우도 품격도 달라진다. 그러기에 모두가 추종하니 때로는 만사형통하는 귀한 존재로, 막강한 위력으로 군림하는지도 모른다. 때에 따라 상식을 뛰어넘어 초법적 행세도 한다. 같은 죄수인 노역勞役에서도 평인은 몇만 원인데 비해 재벌 회장은 수억 원의 황제행세가 실증한다. 또 수억대를 꿀꺽한 지체 높은 분은 비교적 가벼운 형

刑인 데 비해 몇백만을 훔친 전과자는 몇십 년의 긴 옥살이가 억울하다고 탈출하여 외친 '무전유죄'는 지금도 여전히 돈 위세에 저항하는 외침의 구호이다.

나라는 사람도 이월분을 합해 자그마치 141억 원의 누적 행운을 움켜쥔 복권남이 된다면 소설이나 영화에서나 있는 기적 같은 뭉칫돈을 거머쥔 대부호의 복락福樂을 누리며 떵떵거릴 수 있다. 그간에 얼마나 갈구했던 돈이던가. 가진 자의 여유를 얼마나 부러워했는지 모른다. 더는 돈을 좇아 진창에서 허덕일 일도 없고 하나밖에 없는 목숨을 담보로 위험천만한 모험 따위는 하지 않아도 된다. 이렇게 맺힌 한풀이할 호기를 주저할 까닭이 없다. 단 당첨률은 벼락 맞을 확률보다 낮다고는 하지만 그래도 당첨자는 계속 이어오고 있다. 인생사 새옹지마라던가. 이런 행운에 흥분할밖에.

그런데 이 거액을 혼자 독식하기에는 좀 그렇고. 그렇다고 내 것인데 고른 배분식 잔치 따위는 싫다. 잠시 고심하며 주춤거린다. 우선 견적부터 뽑아 보자. 평생을 고생만 한 아내에게 절반쯤 뚝 떼어주겠다. 그래도 주체하지 못하면 어쩌지. 다음은 큰애 어느 명절에 '만약 자신이 대통령이 된나면' 가족 놀이 때 '아버지는 허세가 지나쳐서 수감대상 첫 순위'로 지목했던 괘씸죄가 떠오른다. 다분히 끼가 있는 딸은 오픈카나 세단 정도를 뽑아주고 두 며느리는, 그리고 힘든 아르바이트하고 있는 손자는, 거기에다 많은 신세를 졌던 분들은? 이래저래 챙기다 보니 벌써 계산이 복잡해져 머리가 아프다. 에라 모르겠다. 당첨되기도 전 뒷일을 미리 골몰할 것까지야….

동네가 갑자기 세 역세권으로 바뀌면서 세 곳이나 있었던 폐품수집소가 일시에 문을 닫았다. 대타로 명퇴했음 직한 중년이 한 달이면 몇 차례씩 이동자원이라는 차를 몰고 와 우리 집 앞에 주차하고 폐품을 수집해 간다. 팔순의 독거 할머니 것. 어린 3남매와 시부모를 부양하는 과부댁. 할머니하고 사는 어린 가장 것까지 후원한다는 제법 그럴싸한 사명감 같은 명분도 있다.

그날도 서둘러 나서는데 차위에서 나를 향해

"이모부 잠깐만요. 내가 돼지꿈을 꾸고 샀어요."

하고 넉살까지 피우며 내려와 난데없는 복권 두 장을 불쑥 건넨다. 그리고는

"당첨되면 똑같이 나눠요."

라고 다짐했다. 뜻밖의 제의에 어리둥절했다.

설렘에 찬 결전의 당첨 발표 날. 나도 1등에 당첨될 수 있어 하는 설렘으로 입간판의 마중을 받으며 기세 좋게 판매점 안으로 들어섰다. 점주의 도움을 받아 드디어 대조해 나간다. 첫 숫자는 맞았다. 어렵쇼 다음도 맞았다. 점차 흥분되었다. 호흡을 길게 쉬고는 다음 번호를 맞춰본다. 이번에는 어찌 된 거야 눈을 닦고 다시 확인해본다. 이때부터 줄줄이 틀어져 간다. 결과는 허탕인 '꽝'이란 건가. 그제야 제정신이 든다. 허겁지겁 일어서려는데 역대 두 번째로 242억에 당첨된 인생 역전의 사나이가 5년도 못 되어 사기범으로 체포되었다는 뉴스는 반갑지 않은 소식이다. 그래도 많은 사람이 '혹시'의 행운을 꿈꾸며 복권을 산다. 인생사 미련이 있어야 사는 맛이 나지 않을까.

각물유주各物有主라던가. 나의 복권게임은 실패다. 즉 복불복福不福이라는 건가. 오는 길에 음료수를 뽑고 남은 동전 몇 잎이 유난히 짤

랑거린다.

웃자, 또 웃자

한 해의 시작은 입춘이라 했다. 한 카페에 '소문만복래笑門萬福來'란 입춘방이 붙어있다. 더 이색적인 것은 좌측 편에 '올 한 해도 잘 부탁합니다'라는 글이 종서체로 붙어있다. 웃자, 복이 온다. 이 아니 대박 방문榜文인가.

인생사 어찌 맑은 날만 있겠는가. 희로애락애오욕喜怒哀樂愛惡慾 온갖 우여곡절을 겪으며 살아간다. 그중에서 웃음은 으뜸, 힘들 때 견딜 수 있게 위로해주고 또 힘이 돼 주며, 소망을 이루는 자극제이고 실망과 좌절을 떨쳐버리게 하는 용기의 각성제이다. 즐거우면 긍정적 에너지가 솟아 건강에도 좋다. 건강해야 자신감이 생기고 과감하게 뒤집어 보려는 적극적이고 긍정적인 비책이 나올 수 있다. 그러기에 웃고 살자.

철저한 채식주의자요 종교인이며, 재미교포인 한 의학박사는 한때 많이 웃어야 엔도르핀이 생성된다고 주창해 열풍을 일으킨 적이 있다. 엔도르핀 분비는 혈압을 낮추고 질병의 면역력을 높이며 스트레스와 불안을 개선한다고 했다. 의학적으로 만병통치라는 건강 비결을 강조했다.

웃어야 좋다. 웃는 인상은 정겹고 푸근하다. 세계적인 명화 '모나리자의 미소'는 내가 슬플 때는 더 슬프고 기쁠 때는 더 환하게 웃고 있어 명화가 아니던가. 그뿐인가. 개성 있는 콧수염에 중절모, 짤막한 바지에 지팡이를 휘두르는 세계적인 희극배우, 지금의 코미디 원조격인 찰리 채플린의 그 특유의 캐릭터는 항상 밝고 즐거운 이미지로 오래도록 인기를 누렸다. 또 늘 웃는 얼굴로 큰 덕행을 펼쳤다는 포대화상은 넉넉한 배불뚝이에 유별나게 넓고 훤한 대머리를 하여 정감이 간다.

웃어야 명랑해 본인의 마음도 편해지고 즐거워 일의 능률이 오른다. 거기에다 심리적인 여유, 부와 물질적 풍요가 조화롭게 어우러질 때 행복은 더할 거다. 그게 웃음의 효과다. 그러기에 웃고 살자. 웃음은 행복을 준다. 엔도르핀이 분비돼 정신적 스트레스와 정서적 불안이 사라져 매사를 의욕적이고 자신 있게 한다. 의욕은 성취를 의미하는 것 아닐까. 그다음은 어떻게 될까.

친구들과 서산 마애삼존불을 찾아간 적이 있었다. 마침 노을에 물들어 빙그레 미소짓는 불상. 이게 석가모니의 여러 제자 중 가섭迦葉만이 알았다는 저 염화미소拈花微笑인가. 깊고 오묘한 그 뜻을 우리 같은 보통 사람이 어찌 알겠는가. 끙끙대며 오르다 잠시 쉬는데 뒤따라온 친구가 털썩 주저앉으며

"아이구!"
하고 비명을 지른다. 그때 옆자리의 친구가
"야! 자식이 아홉이란 거야. 자네 같은 사람이 요즘 애국자지. 암."

입담 좋은 친구의 익살에 일행은 이 말뜻을 한참 후에야 알아차리고 깔깔댔다. 익살은 피로도 잊게 한다.

웃는 표정도 다양하다. 가짜를 진짜라 우기는 가소假笑에 어이없는 가소可笑로움으로 손뼉 치며 크게 박장대소拍掌大笑하고 웃다가, 그만 허리가 꺾이고 배 아플 지경의 요절복통腰折腹痛을 겪기도 한다. 얼굴이 일그러지도록 크게 웃는 파안대소破顔大笑, 갑자기 터져 나오는 폭소爆笑에 떠들썩하게 웃어대는 홍소哄笑. 어이없어 하늘을 쳐다보고 웃는 모습의 우소牛笑도 있다. 귀염성이 넘치는 교소巧笑에다 아양을 떠는 교소嬌笑에 요염한 염소艶笑며 곱게 웃는 미소媚笑에는 쌀쌀한 냉소冷笑로 대할 수만은 없다.

귀엽기만 한 첫 손자의 빵긋빵긋 웃는 화소花笑는 웃음을 머금게 하는 함소含笑가 따르고, 그밖에도 큰소리로 웃는 대소大笑, 웃으면서 조용히 나누는 이야기 담소談笑에 소리 없이 눈으로 가만히 웃는 자소目笑와 소리 내지 않고 방긋이 웃는 미소微笑가 있고, 비난에 찬 비소鼻笑, 뜻밖의 일에 어이가 없다는 고소苦笑도 있다. 또 나도 모르게 나오는 실소失笑, 남을 헐뜯거나 비웃지 않겠다는 불구언소不苟言笑도 있고, 남을 깔보고 놀리는 조소嘲笑, 마지못해 짓는 웃음은 파소破笑, 또 불교에서 이심전심이란 염화미소拈花微笑도 웃음일까. 참으로 각양각색이다.

행복이란 곧 자신의 삶을 어떻게 평가하고 무엇이 자신에게 더 소중한지 담는 그릇에 따라 다를 거다. 늘 웃자. 조롱, 비난, 가식이 없고 재치가 있고 즐거워서 늘상 터지는 웃음보는 복이 오게 마련이다. 일소一笑에 한 번 더 젊어지고 일로一怒에 한 번 더 늙는다고 했다.

웃으면 즐거움이란 응답이 온다. 웃고 살자.

의류 수거함

골목길 전주 옆에는 오래전부터 시꺼먼 철제함 하나가 놓여 있다. 앞면에는 자선사업 유관기관이라고 또렷이 적혀 있다. 원래는 '아끼고, 나누고, 바꾸고, 다시 쓰자'는 외환위기 당시의 아나바다 운동으로부터 시작한 시설이다. 가끔은 차고 넘쳐서 길바닥까지 널브러진 꼴이 볼썽사나워 민원도 잦았다. 도대체 저 속에는 어떤 것들이 들어 있을까 늘 궁금했다.

퇴근길이었다. 때마침 수거차가 와서 막 함을 열어젖히기에 나도 걸음을 멈추고 지켜보기로 했다. 언제 왔는지 주부 몇 명이 모여 있었다. 상상외로 형형색색의 곱고 멀쩡한 새 옷도 나왔다. 옷뿐 아니라 담요도 있고 새것 같은 커튼도 있었으며 최근에 유행하는 옷들도 있었다. 오래되고 낡아서 버린 것만은 아닌 것 같았다. 멀쩡한 것을 왜 저렇게 마구 버렸을까. 단지 싫증이 나서일까 아니면 나눔이라는 자선운동에 참여하기 위해서일까. 미리 와서 돌계단에 앉아 여태껏 지켜보고만 있던 할머니가 몹시 못마땅한 듯 혀를 찼다.

"요즘 젊은것들은 너나없이 쯧쯧…."

으로 시작하여 험한 육두문자가 이어졌다.

"제 남편 등골…."

어쩌고 할 때는 입가에 흰 거품까지 튀기며 흥분해 있었다. 내 집안 일이라도 된 듯 화가 단단히 난 모양이었다. 지켜보고 있던 젊은 주부들은 더는 듣기가 민망한 듯 슬금슬금 자리를 떴다.

오래전 국회 청문회에서 고관 부인들의 옷 로비 사건이 있었다. 영부인이 구매한 옷이나 장신구는 늘 완판이라니 '말끔한 옷은 훌륭한 소개장'이라도 되는가. 겉모습이 바뀐다고 속까지 바뀔까. 주부 중에는 나들이 때나 철이 바뀔 때 흔히 '입을 옷이 없다'고 투덜댄다. 이렇게 자신을 합리화하는 빌미로 옷을 장만하다 보니 자꾸만 쌓여서 처리를 두고 또 골몰한다.

의식주는 삶을 이어가는 데 기본적으로 필요한 수단이다. 그중 옷은 세대의 변화를 좇아가면서 유행을 만든다. 어디고 유행은 있게 마련이다. 우리나라는 유독 주기가 짧고 격렬하다고 한다. 그것이 한국인이 가지고 있는 정체성이고 역동성인 걸 어찌하랴. 분별없이 자기과시의 수단으로 아슬아슬한 짧은 반바지를 입고 속옷을 강조하려는 듯 대담한 노출을 즐기려는 것 같은 젊은 여성들이 있다. 그런 차림을 지나치다거나 꼴사납다고 여긴다면 시대에 뒤떨어진 꼰대적 시각일지도 모른다. 민감하게 유행만 좇다가는 지나친 낭비요 탕진이 올 뿐이다.

싫증 나도록 질긴 화학섬유 시대가 있기 전에는 천연 면직류가 주류를 이루었다. 그때는 형이 입던 옷을 꿰매가면서 동생에게 물려주었다. 그 어렵던 시절을 겪어 검소가 몸에 밴 구세대에게는 저렇게 마구 버리는 짓은 쉽게 이해하기 어렵다.

'버려야 새것이 있다'라는 어느 신세대 인사가 말했다. 즉 '낡고 오래된 관습은 과감히 버려야만 새로운 생각이 떠오르고 단순하게 사는 사람만이 새로운 발전도 창안할 수 있다'라고 주장한다.

하긴 음식 찌꺼기도 지정한 날에 돈을 내면서 버리는 세상이 되었다. 쓰지 못할 물건을 공짜로 손쉽게 버릴 수 있는 시설이 있는 것만도 얼마나 다행이냐. 의류 수거함은 영악한 신세대의 셈법으로 태어났는지 모르겠다.

물건과 벗은 오래될수록 좋다고 했다. 손때 묻은 물건이 그만큼 쓰기에 익숙하다는 말일 게다. 쓰던 물건을 버리기에 앞서 마음의 찌꺼기를 먼저 청소해야 하지 않을까. 나 자신부터 낡은 생각을 바꾸고 새로운 시대에 맞는 창의적으로 사고하려고 노력해야겠다. 과거를 거울삼아 미래를 지향하는 삶을 꾸려 가련다.

재봉틀과의 인연

나와 재봉틀과는 연이 깊다. 그때는 근동에서는 우리집에만 재봉틀이 있었다. 거기에다 엄마는 솜씨가 좋아 늘 바쁘셨고, 혼인을 정한 근방 규수의 혼수나 명절 무렵이면 밤낮이 없었다고 했다. 밤이면 엄마 품에 안겨 등을 다독여 줘야만 잠들었던 나는 늦도록 재봉틀 곁에서 칭얼대다 제풀에 지쳐 떨어지곤 했다.

많은 세월이 흘렀다. 내가 봉제회사의 면접관이 되어 신입사원을 심사할 때였다. 허름한 작은 봇짐을 꼭 껴안은 앳된 소녀가 있었다. 초롱초롱한 눈망울에 또렷한 말투가 별나게 인상적이었다.

"지는 돈도 돈이지만요. 공부도 좀 하고 싶어서유."

또렷하고 당찬 말을 하는 그녀는 처음부터 싹수가 보였다. 공교롭게도 나와 생일이 같아 지금까지 연락하고 지낸다. 갓 입사자라 재봉사 보조였지만 시키는 일이면 제법 똘똘하게 뭐든 곧잘 하고 욕심도 남달라서 오래지 않아 재봉틀을 배정받았다. 그녀가 바쁜 시간에 돌연 찾아와 조퇴하겠다고 했다. 그리고 자신의 처지를 자세히 털어놓았다.

엄마가 돌아가시고 얼마 후 계모가 들어왔다고 했다. 이젠 할 일도 별로 없고 동생도 중학교에 갔고 해서 한 입이라도 줄일 양으로 집을 떠나려고 했는데 그날따라 학교에 안 간 동생이

"누나! 나도 같이 가면 안 돼?"

하며 눈물까지 글썽이기에

"너는 공부해야지 무슨 소리야."

하고 야단쳤는데 끝내 일 년을 못 넘기고 기어이 가출한 모양이라며 걱정했다. 그간에 동생 학비 조로 꼬박꼬박 송금도 했단다.

동생을 데리고 왔으나 이제는 살 방이 다급해 졌다. 직원들이 모두 나서서 수소문 끝에 해거름에야 용케 둘이 살 수 있는 쪽방을 구했다.

다음은 당장 먹을 찬이며 식기, 수저 등 세간살이가 다급한 문제였다. 아내에게 집에 있는 여유분 중에서 나누어 주자고 말을 건넸더니 이상스러운 제의라 의심하는 눈치에 한동안 곤욕을 치르기도 했다.

그 후 그녀는 더 억척이었다. 잔업도 자진했고 퇴근 때는 도급 일감까지 가지고 가 각성제로 졸음을 쫓으며 열심히 일했다. 자신보다는 동생 공부가 먼저였던 것 같다. 연탄가스 사고를 겪었을 때 단 한 번 늦었을 뿐 결근이나 지각이라고는 없던 애였다.

어느 날 상기된 얼굴로 모처럼 지각했기에 사유를 물었더니 동생 때문이라 했다. 학교 후원회비 미납 통지서를 발견하고 동생을 추궁하자 친구들과 군것질하는 데 썼다고 했다. 버릇을 잡아야겠다고 회

초리를 들었고, 모질게 후려쳤지만 그 매를 다 맞으며 울기만 하는 어린 동생이 가엾고 속상해서 함께 울었다며 눈물을 찔끔거렸다.

그 와중에도 어느새 애인도 사귀어 열애하는 등 억척에 바쁘기만 했다. 결혼하고 부부가 하청으로 출발하여 3년 만에 의젓한 공장도 차리고 3남매 모두를 사립학교에 보냈다. 이와 같은 억척스러운 생활력은 당시 속어로 '똑순이'였기에 가능했을 것이다.

소위 수출 산업의 역군으로 포장된 이름 대신 '공순이'라는 별명으로 깎아내렸던 눈물겨운 그들. 고달프고 지루하며 힘든 시간에 도움이 될까 해서 공장장 재량으로 리시버를 끼고 '라디오 가요'를 듣도록 묵인해 왔다. 해가 뉘엿뉘엿 지는 석양 무렵이면 라디오에서 처량하게 넘어가는 당시 엘레지 여왕이 부르는 애절한 곡조는 버겁게 부대끼는 자신들의 시름인 양 일제히 합창했다. 이 시간이면 관리자인 나를 긴장케 했다. 이 시간대에 안전사고를 겪었기 때문이었다. 작업 중에 특별히 정숙을 강조한 위층에 들릴까 해서이다.

월급날 경비실은 늘 소란스러웠다. 가족. 식당 주인, 화장품 아줌마, 월부 상인 등 외상값을 받으려고 찾아오는 쪽과 어떻게든 피해 보려는 쪽의 숨바꼭질이 가관이었다. 그날따라 요란스러웠던 것은 한 소녀의 울음소리였다. 술에 취했는지 일부러 취한 척 하는지 아버지로서는 차마 입에 담을 수 없는 육두문자를 써가며

"나도 살자."

며 무지막지하게 빼앗으려 드는 아버지의 위협에

"이젠 나도 동생하고 살아야 해요. 아버지."

딸의 애절한 저항. 이런 처절한 쟁탈전은 차마 치켜 볼 수조차 없는

살벌한 광경이었다.

눈부시게 치장하고 끈질기게 딸을 찾아오는 귀부인이 된 엄마를 매몰차게 거절하는 '깡녀'도 있었다. 자신이 개가하기 위해 어린 딸을 허울 좋은 수양딸로 보내 혹독한 식모살이를 견디다 못해 뛰쳐나오게 했으니 원망과 앙심이 얼마나 깊었으면 저럴까.

또 다른 편 귀퉁이에서는 이 날이면 어김없이 한 모녀가 만났다.

"어쩌면 좋으냐, 고생만 시켜 미안하다. 나는 어미도 아니야."

딸을 껴안은 엄마는 무거운 한숨부터 쉰다. 장녀인 소녀는 8살 때 아버지가 돌아가셨다. 주변의 개가 권유에도 엄마는 '홀시어머니에 장애아인 둘째까지 두고 어떻게 떠나냐'며 이제껏 청상과부로 살고 있다. 이 집의 유일한 소득원은 큰딸의 월급봉투뿐이다. 기특하게도 이 딸만이 공장에서 유일하게 외상이 없다. 그 돈 아까워서 어떻게 쓸까.

여공들은 겉모습도 성격도 제각각이다. 배워서 삶을 바꿔 보겠다는 다부진 꿈의 학생은 시도 때도 없이 졸기에 '선 부처'란 별명을 얻었고, 짬만 나면 촛불을 켜고 홀로 명상을 즐긴다는 '좌불'도 있다. 오직 돈, 주머니에 한 번 들어가면 절대 나올 줄 모른다는 '왕소금'도 있다. 별명은 있어도 원체 사나워서 누구도 감히 입 밖에 내지 못한다. 밤마다 분단장하고 어딘지 갔다가 통금 직전에야 오는 '방범대장'이다. 어딘지 질척하다는 상상은 지나친 속단일까. 남자 사원들 술자리에도 곧잘 끼고 노래도 제법이다.

그때의 야무진 소녀가 밤낮으로 성실하게 일해서 이룩한 행복의 터전. 이제는 자신들을 고맙게 아끼며 주변에 감사하는 마음의 여유를 찾았나 싶을 때 호사다마라고나 할까. 남편이 노환으로 입원하게 되었다고 슬퍼한다. 그래서 세월은 무심히 흘러만 가는 게 아니라 또 다른 것으로 채워 가는 것은 아닐까.

춤추는 제비꽃

꽃은 다 예쁘다. 갖가지 색과 형태를 띠고 있기에 다들 좋아한다. 자고로 고운 미모에 행실이 얌전한 여인을 함박꽃 또는 장미꽃에 비유한다. 그래서 미인이 많은 사람에게 사랑받는지 모른다. 그러나 중국의 4대 미인 중 한 명인 양귀비는 국사를 망쳤다. 양귀비꽃은 아편 전쟁을 일으킬 만큼 역사에 큰 영향을 끼친 마약이다. 장미는 아름답다. 꽃이 얼마나 풍성했으면 정열적이라고 했을까. 그런 장미도 날카로운 가시가 있다.

어느 쌀쌀한 봄날 아침. 발아래 돌 틈에서 가냘프게 피어있는 제비꽃을 봤다. 갑자기 찬바람이 일자 꽃대가 끊어질 듯 세차게 몸부림쳤다. 그래도 여전히 파란 잎에 맺힌 이슬방울이 가녀린 햇살을 받아 영롱하게 빛나고 있었다. 물이라고는 이슬마저도 인색한 이런 환경에서 용케 잘 견뎌낸 것에 격려와 응원을 보낸다. 화려하지 않지만, 작고 아담한 꽃줄기 끝에서 색깔을 뚜렷이 구별하기 어려운 묘한 자줏빛이 볼수록 귀엽다. 이 꽃을 보면 '자세히 봐야 예쁘다 오래 봐야 사랑스럽다'라는 나태주 시인의 시구가 떠오른다.

단순하면서도 다소곳이 고개를 숙인 채, 마치 누군가를 절실하게 기다리는 자태. 화려하지도 선명하지도 않고 그렇다고 어둡고, 칙칙하지도 않은 연하고 은은한 보라색에 더 정감이 간다. 화려하고 예쁜 꽃 속에 어우러졌더라면 선뜻 눈에 띄었을까. 잡초가 아닌 꽃으로 사랑받고 싶어서일까? 친근함과 애잔한 동정, 무엇보다도 꽃이기에 예쁘다. 가까이 다가가 천천히 들여다본다. 마치 화려하게 분단장한 도회지 미인이 아니라 무명 치마저고리에 머리에 수건을 한 고향의 순이 같다. 그 촌티 나는 모습에서 맑고 순수함이 묻어난다. 오늘따라 아리따운 모습이 내 마음 깊은 곳에 숨어있는 감성을 일깨운다.

제비꽃은 여러해살이풀로 우리나라를 비롯하여 전 세계 온대 지방에 널리 분포한다. 일본에서는 여아의 이름으로도 곧잘 쓰일 정도로 귀여움을 받는 꽃이다. 우리나라에서도 100여 종이나 자생하고 약용 또는 관상용으로 사랑받고 있다. 유럽에서는 여성의 미덕을 상징하기도 한다. 나폴레옹은 제비꽃을 좋아해서 참전했을 때는 '제비꽃 소대장'이란 별칭도 얻었다. 그가 엘바섬에 유배되었을 때

"제비꽃 필 무렵 다시 돌아오겠다."

라고 말한 뒤 탈출에 성공했다. 전쟁터에서 네잎클로버를 보고 신기하여 엎드리는 순간 총알이 모자만 뚫고 스쳐 갔다. 그로부터 네잎클로버를 행운이라고 했다.

오래전부터 사람의 감정을 꽃의 색에 따라 다르게 표현했다. 시대,

지역, 사람에 따라 다르게 불렀다. 양귀비의 붉은 것은 위안. 위로, 흰 것은 망각이라 하고. 빨강은 사랑, 아름다움, 용기, 노랑은 시기, 질투, 완벽한 성취, 하양은 청순, 순결, 새로운 시작이기도 하다.

제비꽃은 일상생활에서 남에게 양보하는 태도로 살아가야 한다는 '겸손'의 상징이기도 하지만 종류와 빛깔에 따라 각기 다른 꽃말을 갖고 있다. 보라색은 겸손, 성실, 사랑이고, 노란색은 수줍은 사랑, 흰색은 순진무구한 사랑, 순결, 티 없는 소박함, 파란색은 사랑, 하늘색은 성실, 정열, 분홍은 희망이라는 꽃말을 갖고 있다. 이렇게 다양한 민속 문화와 전통에 따라 여러 가지 상징적 의미를 부여해 왔다.

하굣길에서 시간 가는 줄 모르고 꽃대를 걸고 서로 잡아당기며 한 판을 겨누고 놀던 퍽 친숙했던 내 유년 시절의 추억이 깃든 꽃. 그땐 씨름꽃이라 불렸지. 우리 누나의 꿈을 담은 책갈피 속의 꽃이기도 하다. 주로 꽃 색은 맑은 보라색으로 단장하고 다소곳이 고개를 숙인 순수한 자태. 열악한 환경에서 욕심도 시샘도 없이 오직 주어진 대로 적응하며 다소곳이 이어가는 삶. 삶에 지쳐 허덕이는 내게 보라는 듯 '주저앉지 말고 일어서라'고 독려와 용기를 돋운다.

곱게 분단장 안 하면 어때. 활짝 치솟지 않으면 어떠하며 취할 만큼 향기를 풍기지 않으면 또 어때. 진주처럼 영롱하지 않으면 어떤가. 주어진 환경에서 고독한 고행자처럼 정해진 운명 그 상냥한 미소만으로도 정겹기만 하다.

이름도 제비꽃으로 씨름꽃, 작다고 앉은뱅이꽃, 이 꽃이 필 때 오랑캐가 두만강을 넘어온다고 하여 오랑캐꽃. 행태를 두고 보는 이에 따라 각자의 감정대로, 부르고 싶은 대로 부른다. 그렇게 나름의 자태로 반기는 너, 그래서 낯설지 않구나. 험한 환경에서 어려운 고비를 어찌 견딜지 안쓰럽고 애잔하기만 하다. 바라보는 나도 서로의 처지를 인지한 때문인지 한동안 감정의 흐름이 뒤엉킨다. 각별한 동병상련同病相憐 같은 애정에서일까. 나는 이렇게 노래한다.

튀지도 뽐내지도 않고 짙은 향도 아니지만
오직 비좁은 틈새에서 가냘픈 자태로
청아하게 하늘대며 미소짓는 너

예쁘고 귀엽기만 한
그녀도 너처럼 늘 엷은 웃음으로 살갑게 반겼었지
그녀와 꼭 닮은 너, 그래서 낯설지 않구나
여리디여린 자태로
행여 바람에 쓰러질까 두렵기만 한 너

나약하고 무력해 그 세월 모질게 잊으려 했건만
차곡차곡 쌓여만 가는 그리움에
지금껏 낮은 자세로 기도하는 너

나도 언젠가는 멈춰야 할 윤회의 여행길에서 어쩌다 너와 인연이 되었을까. 열악한 환경에서도 꿋꿋하게 버티는 너에게 마음속으로 응원을 보낸다. 더불어 우리도 어우렁더우렁 지내자.

봄은 하늘에서 온다던가. 아직은 아침저녁으로 썰렁한 바람이 옷깃을 여미게 한다. 맑고 푸른 하늘 흰 구름은 서둘지 않고 남으로 남으로 흘러간다. 이제 정녕 새봄인가.

온천과 화산의 땅

이웃 나라 구주九州 지방은 꼭 한번 가고 싶었던 곳이다. 선택 관광(no option)과 팁(no tip), 그리고 쇼핑이 없다(no shopping)는 한 여행사의 선전 광고를 보고 선뜻 신청해 버렸다.

일제 강점기의 시모노세키下關와 부산釜山 간의 관부關釜와 지금의 부관釜關 뱃길이 어떻게 다를까 퍽 궁금했고 동경했던 곳이기도 했다. 마음은 배를 탄 듯 설렘으로 가득했다. 선편은 우연히도 신형 관부페리 하마 유(はまゆう)호였다. 승선을 마치고 저녁까지 끝냈는데도 출발 기미가 없었다.

갑판에 나가 시원한 바닷바람을 쐬며 바라보는 부산항의 야경은 한 폭의 사생화였다. 저 멀리 산 능선에 층층이 걸려 있는 불빛은 마치 별처럼 반짝였다. 밝은 불빛을 달고 달리는 차량 행렬은 검은 해안선에 찬란한 무지갯빛 수를 놓고 있었다. 빌딩의 네온사인은 휘황찬란한 빛의 파도를 그리며 출렁거렸다. 밤바다에서만 볼 수 있는 황홀한 항구의 풍광은 새로운 느낌으로 다가왔다.

드디어 긴 고동이 울려 퍼지고 서서히 뱃머리를 돌렸다. 똑같은 뱃길이련만 옛날에는 일제의 수탈과 착취로 가난했기에 고향을 떠날 수밖에 없었다. 설움과 슬픔을 싣고 오갔지만 오늘은 관광의 설렘과 흥을 안고 찾아간다. 벌써 선실 곳곳에서는 삼삼오오 술잔을 기울이며 담소도 하고 화투에 포커를 즐기느라 여념이 없다. 지금은 대한해협의 중심을 지나는 한밤중이련만 쉬 잠들지 않을 것 같다.

칠흑 같은 밤에 웬일일까? 기관이 멈춘 채 꼼짝하지 않는다. 세관업무 시간까지 기다려야 한다. 일본의 바다에서 첫날 선상 해돋이를 보는 행운을 덤으로 얻었다. 바다 저편에서 타는 듯한 커다란 붉은 빛덩이가 수면 위로 막 치솟아 오르자 금빛 조각들이 반짝이기 시작했다. 금세 붉은 빛이 열리면서 내 얼굴까지 덧칠했다. 이 신비로운 조물주의 신교神巧에 감탄할 뿐이었다. 이를 놓칠세라 여기저기서 셔터를 누르기 시작했다.

이렇게 법석대도 한 편에서는 카세트에 맞춰 혼자서 흥얼대는 한 부인이 있었다. 어렵게 접근하여 사연을 들었다. 어머니 성묫길이라 했다. 어머니는 처녀로 시집와 일본에서 어렵게 살다 외동딸 하나를 두었다고 한다. 징용에 끌려가 돌아오지 않는 남편을 그리며 돌아가실 때까지 혼자서 중얼거리던 엄마의 노래란다. 귀에 익은 〈눈물의 연락선涙の連絡船〉이다. 이 노래는 수많은 일본 전쟁미망인을 울렸던 공전의 인기곡이다. 아직도 한국과 일본 간의 뱃길은 이런 애틋한 사연까지 싣고 오간다.

첫 목적지 벳푸別府까지는 약 두 시간여, 여기서부터는 입담 좋은 가이드 차지다. 수돗물은 안심하고 마셔도 좋고, 전기는 100볼트, 휴지는 변기에, 이어서 어린애가 아무리 떼를 써도 안 되는 것은 끝까지 안 된다는 일본 엄마의 칭찬까지. 앞 좌석을 차지한 한 노인이 이따금 짓궂은 질문을 하여 깔깔대다 멈춘 곳이 휴게소였다. 떡 한 개 15엔짜리에도 5퍼센트의 소비세를 받으니 눈 뜨고 빼앗기는 것만 같아 떨떠름했다.

어느새 온천 특유의 유황 냄새와 뿌연 증기가 온 마을에 가득했다. 천연 온천수 덕에 원주민의 열 배가 넘는 손님이 몰려든다고 했다. 그 천혜天惠의 자원이 부럽기도 했지만, 한편으로는 땅 밑의 용암이 언제든 분출할 수도 있다는 재앙災殃 앞에 무서운 생각이 들었다.

점심은 식당 간판부터가 친근한 춘향원春香苑이다. 한국 유명조리사에게서 배웠고 재료도 한국산이라 자랑하는 비빔밥이다. 이 나라의 음식을 기다렸는데 아쉬웠다. 일본의 10경 중 하나라는 폭포東椎の滝에 이어서 유황탕 지대湯の花에서는 안내자가 무좀과 아토피성 피부염에 효험이 있다고 했다. 젊은 부녀 팀이 몰려오자 피부미용과 스트레스에 특효라고 말을 바꾸는 능청스러운 입담에,

'그러면 그렇지. 이 동네라고 다를까?'

묶음 상품여행은 역시 느긋한 구경이 아니라 서두르고 쫓기는 강행군이었다. 해거름에야 가까스로 호텔에 도착했다. 여기서는 일본의 전통 옷차림浴衣에 왜식 다다미방畳室에서 정좌하고 일본식和食을 먹게 되었다. 곁에서 말끝마다 '하이 하이'를 연호하는 일본 여인의 시중을 받는 분위기가 조금은 어색하고 거북했다. 저녁에는 어느새 길동무가

된 친구와 길 건너에서 호롱불赤堤燈을 밝히고 기다리는 선술집居酒屋에 들러 따끈한 어묵에 청주로 현지 분위기를 느껴 보았다.

아직도 타오르는 연기를 볼 수 있는 세계 최대라는 복식화산 아소산阿蘇山에서는 바로 곁에서 작은 화석 하나에 100엔 하는 무인 판매대가 눈길을 끌었다. 화산, 지진, 태풍 등 허다한 천재지변에서도 슬기롭게 극복하며 잘 사는 일본과 인재人災 공화국이라는 우리와는 어디가 어떻게 다를까.

한 번은 꼭 가 보고 싶었던 구마모토성熊本城에 도착했다. 이 성은 칠 년을 공들여 축성했고 성벽이 독특한 곡성 공법으로 난공불락이라고 자랑하는 축조물이다. 거기에다 성주城主는 임진, 정유재란 때 가장 잔인한 학살행위자로 각인된 선봉장先鋒將 카토기요마사加藤淸正이다. 두 왜란倭亂 이후 축성하면서 울산의 왜성에서 겪은 체험을 바탕으로 120개의 우물을 파고 고구마 줄기 같은 비상식량 비축 방법 등을 고안해 냈다. 전쟁 포로로 끌려간 우리 장인의 솜씨가 어우러진 것은 아닐까. 말고기는 이 고장 특유의 향토 음식이라 자랑한다. 저녁에는 말고기 육회馬刺し를 먹기로 했지만 나는 썩 내키지 않았다. 그보다는 여러 종류의 맥주를 공짜로 마실 수 있다는 양조장 견학에 더 관심이 갔다.

의지할 곳은 신뿐일까. 일본에는 약 800만여의 신이 있다고 한다. 학자의 신령을 모신다는 텐만구天萬宮 경내에는 학업의 성취, 취업, 건강 등을 기원하는 부적이 빼곡히 걸려 있었다. 부적 하나에 2,000엔이라 망설이게 되었다.

'아무리 신이라지만 저렇게 많은 일본인의 소원을 들어주기도 벅찰

텐데 외국인의 소원까지 들어줄 여력이 있을까?'

관광 길에서 일본인의 친절은 미안할 정도로 고마웠다. 제법 굵은 비가 내리는데도 호텔 전 직원이 늘어서 떠나는 버스가 시야를 벗어날 때까지 손을 흔들며 전송해 주었다. 단 하룻밤의 인연으로는 과분한 느낌이었다. 돈 쓰는 관광객이라서 하는 의구심을 갖게 하는 것은 지나친 비약일까.

한국 전쟁의 후유증을 못 벗은 70년대 명색이 특별 비즈니스 비자로 나리타공항에 내렸다. 일본인의 자세는 강자에게는 한없이 약하고 약자에게는 무자비했다. 정성 들여 포장한 선물용 꾸러미를 사무적인 통보만 하고 공항 관계자가 마구 뜯어 발겼다. 그들의 이중적 근성을 보는 것 같아 떨떠름했다.

이번 여행은 일부 지역을 배회하다 온 것 같다. 장님 코끼리다리 더듬은 격은 아니었을까. 다시 몇 달 살이 일본 여행이라도 해야 하려나.

양화진의 저녁노을

번잡한 도심에 비하면 그래도 합정역은 공기부터가 시원하다. 한강의 노을이 아름다운 명소여서일까. 분위기 좋은 카페도 많다. 홀트 아동복지회 건물이 우뚝하다. 한때는 전쟁으로 고아가 된 혼혈아를 거두어 외국에 입양하는 일을 시작하여 지금도 어려운 사람들을 돕고 있다. 부모 잃은 고아들을 생각하면 전쟁이 낳은 깊은 상처를 되돌아보게 된다.

예부터 양화진의 '눈길 걷기楊花踏雪'는 한도십영漢都十詠 중 하나라 했다. 또 조선 시대부터 수상 교통과 국방의 요충지로 군진이 설치됐던 곳이기도 하다. 지금도 김포공항, 인천, 강화도를 잇는 수도 서부의 관문이다. 양화대교는 순수한 우리기술과 자본으로 시공한 첫 번째 교량이기도 하다.

오늘따라 쾌청한 날씨에 높푸른 하늘에서는 구름도 환상적인 풍경을 만들고 있다. 저 멀리 강 건너 여의도의 고층 빌딩은 마치 외국 어딘가의 명소라도 보는 듯하다. 여기서부터 시야가 탁 트인 선유도 가는 길. 거창한 느림의 미학이나 불교에서 말하는 삼보수행三步修行까지는 아니라도 느긋하게 강바람을 쐬면서 주변을 살피는 것도 괜찮을 듯싶다. 이호선 철길 양쪽에는 양화진 외국인 선교사 묘역과 천주교 성지 등 아기자기한 볼거리도 많다.

진입로 입구에 있는 이방원의 〈하여가何如歌〉에 대한 답시 〈단심가丹心歌〉는 국사 시간에 자주 만나 친숙하다. 그 충의의 표상인 포은 정몽주 상이 우뚝 서 있다. 무슨 연고로 여기에 세웠을까. 문득

산은 옛 산이로되 물은 옛 물이 아니로다
주야로 흐르거든 옛 물이 있을쏘냐
인걸은 물과 같도다 가고 아니 오노매라

글재주가 없는 나는 조선의 여류시인 황진이의 시詩로 이 심정을 가름하련다.

다리 중간쯤에서 '생명의 전화기'를 만났다. 유독 양화대교는 한강 다리 중에서 난간이 널따란 아치형이라 오르기가 쉽다. 그래서 농성 또는 투신자살 소동을 벌이기에 적합한 명소로 알려져 있다. 꼭 극단적인 선택을 해야만 할까. 해결책이 정녕 그 길밖에 없단 말인가. 격한 순간의 충동 결행에 앞서 잠시만 주변을 살펴보면 어떨까.

살만한 요즘에도 '나 한강 간다'고 말한다. 낚시나 수영하려고 가는 것은 아닐 거고 기왕 태어났으면 보다 사람답게 한살이를 할 것이지

못나게 쉽게 생을 포기하겠다니. 인생 어느 길인들 수월한 길은 없다. 한 통계에 따르면 욱하는 충동에서 자살을 시도한다는 것이다. 특히 피어나지 못한 10대에서 20대가 절반을 차지하고 오후 6시부터 자정까지가 가장 많은 전화가 걸려 온다고 한다. 불미스럽게도 자살률이 경제개발협력기구(OECD) 중 일위이다. 답답하고 그렇게 힘들 때면 잠시 생각을 가다듬고 텁텁한 막걸리 한 사발에 무한 리필인 깍두기면 만사 시원히 풀리련만 그렇게 어려웠을까. 내 방식으로 느끼고 이해할 뿐이다.

공교롭게도 생명의 전화기에서 멀지 않은 곳에 푸른 잎을 한 들꽃 한 송이가 여린 가을 햇살에 반짝인다. 흙 한 줌 없는 다리 틈새에서 용케 뿌리를 내려 어찌 저리도 가냘프게 피어있을까. 저 노방초路芳草도 모진 시련을 참고 견디며 오직 순리에 순종하며 피어났으리라. 나름대로 소망을 이뤘기에 더 아름답고 사랑스러운지도 모를 일이다. 이런 험한 환경에서도 끈덕지게 이어가려는 생명력. '도대체 생명이란 무엇인가' 잠시 상념에 잠기게 한다. 햇빛도 인색한 비좁은 틈새에서 때로는 퍼붓는 폭우에 뿌리째 씻기고 모진 강풍에 잎이 찢겨 나가는 박해에도 오직 흔들림 없이 올곧게 자란 게 참으로 가상하다.

우리네 인생사 또한 괴로움 끝에 즐거움이 오고, 슬픔이 있었기에 기쁨이 있고 가난했기에 풍요의 행복을 누리는 것은 아닌지.

여전히 말없이 흐르는 깊고 푸른 저 한강, 도심을 잇는 필연의 요충지이다. 한양 시절에는 물 팔아서 자식들 공부시켰다는 북청 물장수의 애환도 깊고 한량들은 뱃놀이로 풍류를 즐겼다. 지금도 여전히 달빛, 별빛 크루즈에 런치, 디너 크루즈란 유람선이 뜨고 낮보다는 밤

한강의 찬란한 조명을 더 많이 찾는다고 한다. 기네스북에까지 등재된'달빛 무지개 분수'도 한몫하겠지. 한국 전쟁 때는 한강교 폭파로 북한군의 도하를 6일간 지연시켰지만 피난 길이 막혀 도강에 희생도 고충도 많아 원망이 서렸던 한강恨江이기도 하였다.

거센 시대의 개화 바람에 말끔하게 단장한 잔디공원에서는 휴식을 즐기는 단란한 가족, 돗자리에 나란히 누워 하늘을 보는 연인의 속삭임 주제는 무엇일까. 그리고 한가로이 걷는 산책 꾼들, 강 위에 떠 가는 유람선, 거기에다 놀거리, 볼거리, 먹을거리 삼박자를 두루 갖춘 역동적인 풍경은 '한강의 기적'을 이룬 우리 발전사의 한 단면이기도 하다. 한강은 서울의 필수 공간으로 도심 속 활력 충전의 역할을 하고 있다.

어느덧 선유도다. 본래는 한강의 한 섬으로 신선들이 노닐던 절경 중의 하나였다. 선유봉仙遊峯이 있었는데 일제 강점기 때 암석을 채취하면서 깎여 나갔다. 서남부지역 수돗물을 공급하는 선유도 정수장이 폐쇄된 뒤 물을 주제로 한 환경 재생 생태공원 즉 물 공원으로 태어났다. 지금의 선유도는 연인들이 달밤을 즐기려 찾는 야간명소의 하나이다.

내친김에 절두산 성지와 외국인 묘역까지 두루 살펴볼 참이었는데 짓궂은 비가 훼방을 놓았다. 포기하려니 조금은 아쉽다. 별수 없이 훗날의 볼거리로 남겨두어야겠다.

계간문예수필선 128

김기영 수필집 _ 꿈꾸는 몽당연필

초판 인쇄 2024년 5월 25일
초판 발행 2024년 5월 30일

지 은 이 김기영
회　　장 서정환
발 행 인 정종명
편집주간 차윤옥

펴낸곳 도서출판 계간문예
편집부 03132 서울 종로구 삼일대로 30길 21 종로오피스텔 1209호
주소 03132 서울 종로구 삼일대로 32길 36 운현신화타워 305호
전화 02-3675-5633 팩스 02-766-4052
인쇄 54991 전북 전주시 완산구 공북1길 16, 신아출판사
이메일 munin5633@naver.com
등록 2005년 3월 9일 제300-2005-34호
ISBN 978-89-6554-297-1 04810
ISBN 978-89-6554-133-2 (세트)

값 15,000원